保育を変える
チーム力の高め方

職員の意識改革とコミュニケーションの活性化

倉石哲也 著

中央法規

はじめに

　本書は、保育のチームづくりの考え方や方法を具体的に実践してもらうことを目的に企画されました。

　チームとは、それぞれの個性を尊重しながら目標を一つにして取り組む集団を指します。野球を例にとれば、全員がホームランバッターであるよりも、バントや走塁がうまい選手がいるほうが、勝利を目指すチーム力は高いです。保育では、職員全員が質の高い保育を目指します。全員の力を活かすことで保育の質は高まり、お互いの保育を認め、長所を活かした保育をチームで提供できれば、子どもの発達と成長をより促すことができます。

　保育のチーム力の必要性に着目したことには、いくつか理由があります。保育は集団で行われる専門活動で、一人の子ども（と保護者）が入園してから卒園までの間に、多くの保育者がかかわります。日頃の保育では、交代で子どもたちにかかわります。つまり、園全体が一つのチームとして乳幼児期の成長にかかわるのです。

　もう一つの理由は、保育現場の多忙化です。保育が長時間になり、職場で丁寧なコミュニケーションをとることが難しくなっています。多忙化する職場では、保育者がお互いの保育を認め合い、支え合う余裕さえも失われかねません。自分の長所を活かせないことによるチーム力の低下は避けなければなりません。

　しかし、いざ「チーム力とは何か？」と問われると、明快な答えを見つけるのが難しく、具体的にイメージしにくいのではないでしょうか。

　本書は保育のチーム力をイメージし、チーム力を高める方法をわかりやすく紹介しています。チームの考え方、現代の保育での必要性、職場で実践できるさまざまなスキルを取り上げています。また、チーム力を高める実践事例を豊富に紹介しています。原則として1つの項目を2〜4頁程度にまとめ、理解しやすい構成にしました。本書の内容を職場でぜひ共有していただき、職場全体でチーム力を高めていただければと願っています。

倉石哲也

目　次

はじめに

第1章　保育者のチームワーク

1　チームって何？　あなたの職場にチームはありますか

1　目標に向かう協働体制 ⋯⋯⋯⋯⋯⋯⋯⋯⋯⋯⋯⋯⋯⋯⋯⋯⋯ 2
2　チーム力が高まる3つの条件 ⋯⋯⋯⋯⋯⋯⋯⋯⋯⋯⋯⋯⋯⋯ 4
3　グループとチームの違い ⋯⋯⋯⋯⋯⋯⋯⋯⋯⋯⋯⋯⋯⋯⋯ 6
4　チームと同僚性 ⋯⋯⋯⋯⋯⋯⋯⋯⋯⋯⋯⋯⋯⋯⋯⋯⋯⋯⋯ 8
5　チームとエンパワメント ⋯⋯⋯⋯⋯⋯⋯⋯⋯⋯⋯⋯⋯⋯⋯ 10
6　チームが成立する5つの条件 ⋯⋯⋯⋯⋯⋯⋯⋯⋯⋯⋯⋯⋯ 12

2　チームの歴史　歴史を知ると、するべきことが見えてくる

1　子育てはチームで行われていた ⋯⋯⋯⋯⋯⋯⋯⋯⋯⋯⋯⋯ 14
2　地域での共同性 ⋯⋯⋯⋯⋯⋯⋯⋯⋯⋯⋯⋯⋯⋯⋯⋯⋯⋯ 16
3　子ども・子育て支援新制度におけるチーム保育の課題 ⋯⋯ 18
4　園内外のチーム意識 ⋯⋯⋯⋯⋯⋯⋯⋯⋯⋯⋯⋯⋯⋯⋯⋯ 20

3　チームが必要な理由とは？　時代の変化と求められる保育

1　11時間保育によるシフト制 ⋯⋯⋯⋯⋯⋯⋯⋯⋯⋯⋯⋯⋯⋯ 22
2　配慮が必要な子ども・家族の増加 ⋯⋯⋯⋯⋯⋯⋯⋯⋯⋯⋯ 24
3　年齢をまたぐ接続・継続 ⋯⋯⋯⋯⋯⋯⋯⋯⋯⋯⋯⋯⋯⋯⋯ 26

4　チームの役割とは？　保育はチームワークで成り立っている

1　チームワークを意識する場面 ⋯⋯⋯⋯⋯⋯⋯⋯⋯⋯⋯⋯⋯ 28
2　他職種とのチームワーク ⋯⋯⋯⋯⋯⋯⋯⋯⋯⋯⋯⋯⋯⋯⋯ 31
3　子どもと保育者の関係 ⋯⋯⋯⋯⋯⋯⋯⋯⋯⋯⋯⋯⋯⋯⋯⋯ 32
4　保護者との信頼関係 ⋯⋯⋯⋯⋯⋯⋯⋯⋯⋯⋯⋯⋯⋯⋯⋯⋯ 34
5　子どもと保護者の信頼を高める（信頼を回復させる）⋯⋯⋯ 36

5 落ち着かない人間関係　関係性を築く工夫

1 落ち着かない職員室（休憩室）と保育者 ……………… 38
2 職員同士の気遣い ………………………………………… 40

6 チームワークの4つの効果　保育者の成長を促し、子どもに還元する

1 好循環を促す ……………………………………………… 42
2 効率性の向上 ……………………………………………… 44
3 満足度の向上 ……………………………………………… 46
4 学習の質の向上 …………………………………………… 48

第2章　チーム力を高めるPDCAと意識改革

1 保育の目的を共有しよう

1 保育の目的とは？ ………………………………………… 52
2 目的の共有と実践 ………………………………………… 53
3 振り返りと改善 …………………………………………… 56

2 保育者の意識改革

1 保育を通した保育者の関係 ……………………………… 60
2 専門職としてのジレンマ ………………………………… 63
3 「持ち場の担当性」の課題 ……………………………… 66
4 チームワークの重要性 …………………………………… 68
5 チームワークを高めるための配慮 ……………………… 74
6 他職種を巻き込むコツ …………………………………… 76

第3章　チーム力を高める研修と研鑽

1 個人スキルを磨こう

1 コミュニケーション力を高める ………………………… 80
2 コミュニケーションの技法 ……………………………… 82
3 ストレングスの視点 ……………………………………… 84
4 アサーション力を高める ………………………………… 88

5	コンピテンシーを高める	92
6	ポジティブ・シンキング	94
7	コンフリクト・マネジメント	96

2 チームスキルを磨こう

1	壁紙ミーティング	98
2	ミーティング・会議の工夫	100
3	カンファレンスの工夫	102
4	互見保育（公開保育）	104

第4章 事例から学ぶ チーム力の効果

1	調理員と保護者を含めたチームワーク	108
2	議事録の作成を通したチーム力の向上	116
3	連絡ノートによる職員間の情報共有	120
4	アレルギー体質の子どもへのチーム対応	124
5	気になる子どもへの保育者同士の連携	128
6	保護者理解と職員間の連携	132
7	他のクラスとの連携	136
8	日常的な保育場面でのチーム力の発揮	140
9	行事に向けた話し合いを通した意思統一	146
10	互見保育（公開保育）を通したチーム力の向上	154
11	子どもを丁寧にみる力を皆で養う	158

第 1 章

保育者のチームワーク

子どもと1対1で向き合うことは大切ですが、
チームでかかわることで相乗効果を生み、
保育の質の向上につながります。

1 チームって何？
あなたの職場にチームはありますか

1 目標に向かう協働体制

職員の意識の中に存在する目標と協働体制

　保育の目標とは何でしょうか？　保育の目標とは保育所保育指針に基づいて子どもの権利を守り、年齢に応じた発達と成長を促すことです。保護者と地域の子育て力を高めることも含まれます。この大きな目標のために保育所は運営され、保育士を始めとする職員が配置され、日々の保育が行われています。組織があり協働体制が築かれています。

　では、日々の保育における目標は明確になっているでしょうか？　今日一日の目標とそれを実現するための協働体制は具体的に意識されているでしょうか？　日々の目標と目標に対応する協働体制は明確に図示されることは少なく、職員一人ひとりの意識の中に存在すると考えられます。

　スポーツにたとえると、目標は勝利することです。相手に勝利する、あるいは目標をクリアするなど自分に勝利することを目指します。チームで勝利するためには、各自のポジション、戦術に合わせた役割が明確にされ、役割を果たすことで協働体制を作ります。目標を達成するために自分が果たす役割と貢献を自覚していなければなりません。

　野球であれば投げる、捕球する、打つ、送る（バントする）など、局面によって自分に期待される役割を理解し、チームに貢献しなければなりません。時には自己犠牲を伴うこと（送りバントなど）があります。自分の目指す、やりたい役割ではないけれども、チームが求める目標の達成に貢献するためには、自分の意思を曲げることもあります。

協働体制の成立条件

図表1-1 は、保育の質を高めるという保育所の保育目標と個人の目標（自分の保育を高める）との関係を示したものです。協働体制を作るためには、保育所の目標を共有し、そのための個人の目標を達成する手段を意識する必要があります。

日々の保育の中で、目標に向けた協働体制を築くため、保育の目標によっては自分が目指す保育や保育者の役割、保育者像と異なる役割を引き受けることもあり得るでしょう（手段）。保育者を始めとする職員がそれぞれの役割を認め、尊重し、敬意を払うことによって協働体制は成り立ちます。

協働体制が築かれていれば、保育者を始めとする職員各々の役割（手段）は明確になっているはずです。その役割（手段）は、状況に応じて柔軟に変更されることもあります。柔軟に変更され、状況に対応できるためには、個々人が普段から目標を自覚し、役割（手段）を果たそうとする個の力が求められることになります。

■ 図表1-1 協働体制の成立条件

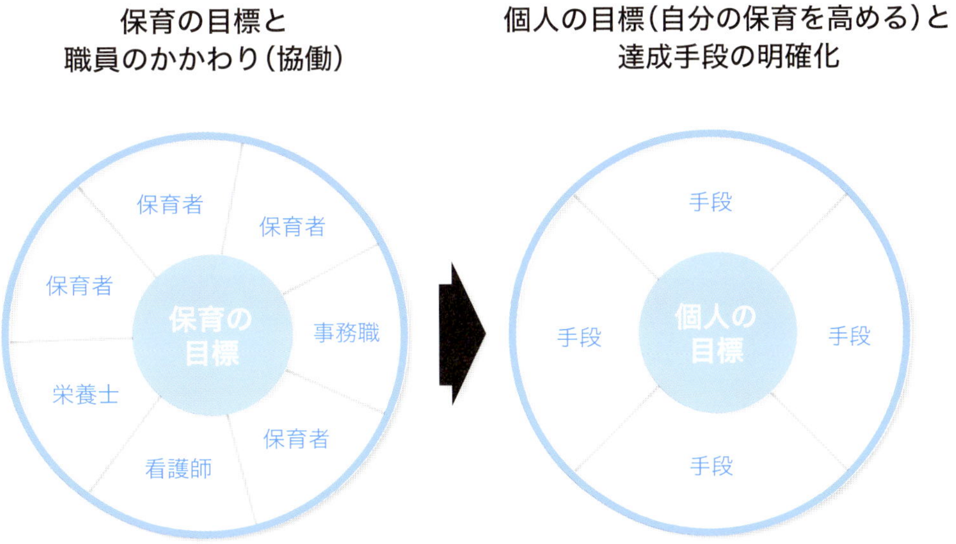

保育の目標と
職員のかかわり（協働）

個人の目標（自分の保育を高める）と
達成手段の明確化

2 チーム力が高まる3つの条件

保育における「個」「役割」

　「個」「役割」「貢献」は、チーム力が高まるための必要条件です。「個」とは保育者としての価値、技能、資質になります。価値とは保育の考え方が明確になっていること。技能とは子ども、保護者、職員などとの人間関係、保育を展開する力になります。資質とは、価値や技能を高めるための保育業務への姿勢、あるいは学びの意欲（自己研鑽を含む）になります。

　「役割」には明確になっている役割、保育の中での役割、状況判断で担う役割の3つがあります。明確になっている役割とは、担任や担当といった業務の分掌があります。お互いの役割を理解しながら自分に与えられた役割の意味を理解し、実行することが求められます。

　保育には、業務の分掌にはないものの、日々の保育の中で意識する役割があります。園外保育、縦割り保育など合同の保育を行う時には、その場の役割を理解します。状況判断で担う役割とは、保育者の個人の判断で担う役割です。例えば新人保育者への助言や指導、子どもや保護者への対応、職員会議で発言することなどです。「今、この場で」状況を理解して、自分が果たす役割を理解し行動します。

自分に課せられた役割を遂行する「貢献」

　「貢献」とは、組織のために自分に課せられた役割を理解し遂行しようとする意識を指します。貢献にはお互いの役割を尊重しながら、自分に期待された役割を意識化し、自分の力を高めることも含まれます。

　それぞれの役割をカバーしあう意識も必要になります。保育者も人間なので、毎日自分の役割を完璧に遂行できるわけではありません。何らかの事情で役割が果たせない場合には、チームのメンバーとしてその役割を率先してカバーしようとする積極性が必要となります。

　このように「個」「役割」「貢献」の3要素を意識することでチーム力は高めるこ

とになり、結果としてそれぞれの保育者の力が高まるという相乗的な効果が生まれるのです。(図表1-2)

■ 図表1-2　個、役割、貢献の相乗効果

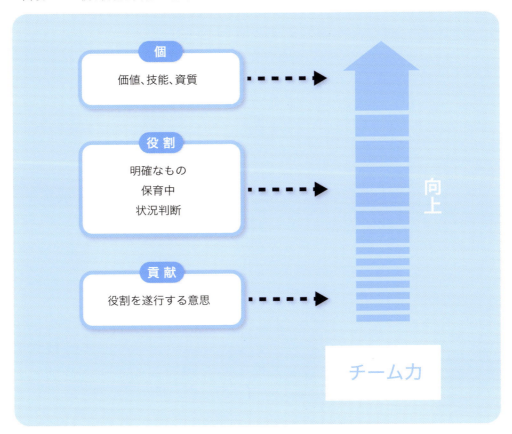

3 グループとチームの違い

保育におけるグループとチーム

　次に、グループとチームの違いについて考えてみましょう。グループは人が集まっている状態をいい、メンバーは目的をもって集まっている場合が多いでしょう。同じ目的をもった人々が集まり、行動する状態を指します。

　チームは、全員がチームの目標を共有し、メンバーにはチームの目標を達成するための役割と責任が明確になっています。また、メンバーは目標に向かって個々人の関係を高めていこうとします。

　図表1-3にあるように、4人のそれぞれの力を25とした場合、グループがもつ力は加算合計の100となります。一方で、チームの力は個人の力の総和の100と関係の力を加算した合計となります。図表では二者関係を10と仮定しているので、チームの総和は160となり、より力を発揮できる状態になります。ただし、二者関係がマイナスになると加算合計から減じてしまうことになります。

　スポーツにたとえてチームを考えるとわかりやすいでしょう。野球やサッカーなどのチームスポーツは、「勝利」という一致した目標をもってメンバーが個人

■図表1-3　グループとチームの違い

参考：https://bizhint.jp/

の力を高めます。個々人にはポジションに合わせた働きがあって、それぞれが連動しています。野球では、送りバントでランナーを進めた上で、次のバッターがヒットエンドランでランナーを返すというチームプレーがあります。サッカーでも、守備と攻撃とパスのつなぎ役といったそれぞれの役割と関係が状況に合わせて柔軟に変化します。

　保育のチームを考えると、まず保育所などが一つのチームになります。次に、担任団や学年団といったチームがあります。調理師といったチームもあるでしょう。期間を決めて課題に取り組むチームをもつ保育所もあるでしょう。

保育者がチームになるために

　保育者がチームを意識する保育場面は多様です。子どもが苦手とする課題を克服するために子ども理解を深め、支援の方法について意識を共有する、保育利用に不安をもつ保護者と信頼関係を深めるなど、保育者の役割分担を意識するチーム対応は多種多様です。

　保育者がチームになるためは目標を共有していること、目標を達成するために個々人がもてる力を発揮できるように努力すること、自分に与えられた役割は何かを意識すること、メンバーと協力し関係を高めていくことが大切です。

　チームとして大切にしなければならないのは、個々人がそれぞれの立場で役割をカバーしあう意識です。業務を完璧にこなすことを目指しますが、そのとおりにはいきません。仲間ができないことを、他のメンバーあるいはチーム全体でカバーするという信頼関係に基づいた共同責任の意識を大切にしたいものです。保育や保護者対応が円滑にすすまない場面では、決して個人の責任にせず、チーム全体の責任と考えることです。

4 チームと同僚性

自分に期待されている役割を自覚し、保育を行う

　多くの保育施設では、複数の保育者で一つのクラスを担当します。低年齢クラスでは、一つのクラスに交替を含めて7、8人の保育者が子どもにかかわることも珍しいことではありません。

　1か所の保育施設には多くの保育者が勤務しており、クラス担当を含め保育者の人間関係は複雑化しています。特に複数担任制の場合には、その日の保育の内容や進め方、子どもの状態の把握、保護者からの要望や伝達事項などさまざまな観点から、情報を共有をすることが求められます。当日の決まっている役割を確認しながら、さまざまな情報を統合し、改めて役割分担や動き方を確認することになるでしょう。保育者は自分に期待されている役割を自覚し保育を行うのです。

　このように、複数の保育者がお互いの立ち位置、動き方、役割を意識した保育を「チーム保育」と表現します。

チーム保育における同僚性

　チーム保育には、お互いの保育を高め合うための専門的関係、職員の役割上の関係、経験年数や年齢の違いによる先輩後輩・同期といった縦や斜めの関係が存在します（図表1-4）。これらをまとめて「同僚」「同僚性」と呼びます。

　同僚性は「互いに支え合い高め合う」関係で、同僚性を高めることは「保育の専門的な質の向上」に不可欠です。同僚との関係を強めることで、お互いに学び合えるようになるのです。同僚性が意識された関係の中で行われるチーム保育では、信頼関係が築かれ、保育者の信頼関係は子どもや保護者との良好な関係につながります。

　①省察・振り返り、保育の高め合い…日々の保育での同僚との関係や対話を通して、保育に対する自分の考えや行動を「振り返り」、考えや行動の背景にある自分の信念や価値観を「内省（省察）」し、同僚のお互いの良さを引き出しながら「保

■ 図表1-4　同僚性とチーム保育の意義

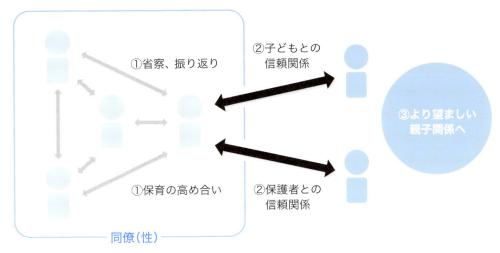

※省察…自分の動き、考えに至る心の動きを振り返ること。

育の高め合い」が起こることを表しています。

　②子どもとの信頼関係、保護者との信頼関係を作ることを繰り返しながら①に立ち返り、同僚と自分のかかわり方や対応についても振り返りと省察を行い、信頼関係が高まります。

　③保育者（担任・担当）との信頼関係が深まることで、子どもと保護者はより望ましい親子関係に変容します。チーム保育を意識することで同僚性を高めることは、より望ましい親子関係の形成にも影響を与えることになります。

5 チームとエンパワメント

チーム保育によるエンパワメント

　エンパワメントとは、もてる力を引き出すこと、勇気づけること、体験と共感をもとにしたつながりを育むことです。

　保育者一人ひとりがチーム保育を意識することは、相互のエンパワメントと実践知を高めます。安梅が「子育ち子育てエンパワメントに向けた発達コーホート研究」で示しているエンパワメントの原則を保育に照らしながら、チーム保育とエンパワメントの関係を考えてみます(図表1-5)。

■ 図表1-5　エンパワメント相乗モデル

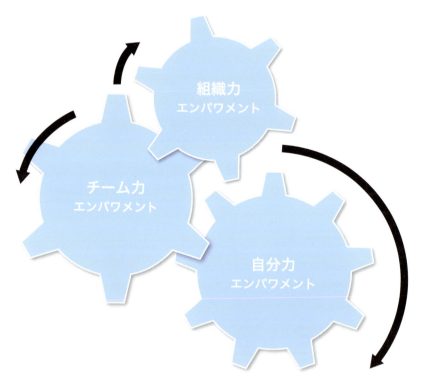

(安梅作成を筆者修正。参考：http://plaza.umin.ac.jp/~empower/anme/)

保育者それぞれがエンパワメントされることで自分力が高まります。各保育者の力は、チーム力と連動しています。チーム力は保育所全体の組織力と連動します。チーム力を高めることが自分力と組織力と連動し、個人と組織が活性化します。

　エンパワメントの8原則は、次のようになります。

　①目標を当事者が選択する。②主導権と決定権を当事者がもつ。③問題点と解決策を当事者が考える。④新たな学びとより力をつける機会として当事者が失敗や成功を分析する。⑤行動変容のために内的な強化因子を当事者と専門職の両者で発見し、増強する。⑥問題解決の過程に当事者の参加を促し個人の責任を高める。⑦問題解決の過程を支えるネットワークと資源を充実させる。⑧当事者のウェルビーイングに対する意欲を高める。

　これをチーム保育とエンパワメントの視点で当事者を保育者に置き換えて考えると、次のようになります（図表1-6）。

■図表1-6　保育者のエンパワメントを意識したチーム保育の8原則

1.保育目標をチームで選択する	保育目標と保育内容が各人の意見を反映しチームで決定されるようにします
2.主導権と決定権をチームのそれぞれの保育者がもつ	保育目標や活動内容の決定には、チームの保育者それぞれの主導権と決定権が尊重されます
3.問題点と解決策をチームのそれぞれの保育者が考える	保育上の問題点と解決策はチームが中心となり保育者一人ひとりの考えが反映させるようにします
4.学びと力をつける機会として保育者が失敗や成功を分析する	保育の成功や失敗を次に生かすために、チームと保育者が主体となって分析を行い保育所全体で共有します
5.保育者が行動を変容するための動機付けの要因をお互いに理解し関係を強める	保育者の行動変容に対する動機づけの要因をチームで理解し、保育者がお互いに認め合うことで関係を強めます
6.問題解決の過程に保育者の参加を促し個人の責任を高める	保育上の問題に対する解決には保育者自身が参加し、考えを述べることでチームに対する個々人の責任感を高めます
7.問題解決を支えるネットワークと資源を充実させる	チームと連動する保育所内外の人のつながり（ネットワーク）を強めるために役に立つ情報や人材（資源）を充実させます
8.保育者のウェルビーングに対する意欲を高める	保育者各自が身体的、精神的、社会的に良好な状態にあることを意識し、満足した生活を送ることに意欲が高まるようにします

（安梅作成を筆者修正。参考：http://plaza.umin.ac.jp/~empower/anme/）

　チーム保育のエンパワメントが進むためには次の「チーム保育の条件」と合わせて考えていく必要があります。

6 チームが成立する5つの条件

1.明確な目標

　チームは目標を共有していなければなりません。まず、その一日の保育目標、子ども一人ひとりの活動目標、さらに課題を抱えている子どもには別の目標があります。目標は会議、ミーティング、引き継ぎによって具体的になります。具体的であるからこそ、その日その場で起こった状況（Aちゃんの給食場面で今日はどうかかわるか、保護者とのコミュニケーションをどうするかなど）がチーム内にて了解されるのです。

2.役割分担

　日常の保育活動、当日の保育（園外保育など）、個別対応が求められる子どもや保護者への対応など、さまざまな場面や状況で役割を意識する必要があります。お互いが各々の役割を確認し、自分が果たすべき役割、期待されている役割を意識します。前者は事前に確認しておくべき役割です。後者は場面ごとに臨機応変な役割になります。

3.自律

　チームでは、与えられた（期待されている）役割を各々が相互に理解し、自律的に行動することが求められます。自律的行動で大切なのは、チームメンバーの役割と自分の役割の「関係」を意識することです。チームの保育者が分担した役割には意味があり、各々の行動は連動しているはずです。ということは、チームの目標が替われば役割は変動します。またチームメンバー(同僚)の役割が変更されれば、状況を判断し、自ら行動を変更させることを意識しておきます。

4.情報共有

　情報を共有する方法をチームで了解しておきます。日々の保育中のコミュニケーション、連絡ノートの活用、ミーティングなどでの確認など、常に情報を共有する場面を意識します。保育時間が長くなり、保育者は交代で子どもや保護者にかかわるようになっています。漏れがないよう、お互いに情報を共有する方法と場面を確認します。

5.実行力

　実行とは、役割を果たすことだけではありません。保育やチームの目標の達成に貢献する意識をもって行動することが求められます。予め確認された役割であっても、同僚がその役割を果たせない状況になれば、率先してカバーできるような判断や行動が求められます。チームとして連動して動いているという広い視野をもつことが、実行力を高めます。

2 チームの歴史
歴史を知ると、するべきことが見えてくる

1 子育てはチームで行われていた

母親の子育てを助け合う「共同養育」

「共同養育」という言葉があります。同じように子育てをしている人同士が協力してお互いの子どもを見守り、預かり合いながら面倒を見ていくという考え方です。

本来、ヒトの身体は一人で子育てができない仕組みになっているというのが、共同養育を行う理由となっています。人間の赤ちゃんはヒトに見合った在胎期間よりも10か月ほど早く、未完成の状態で生まれてきます（遠藤2005）。生まれたての乳児は、泣くことしかできません。母親の身体にしがみつくことも、自分で移動することもできません。移動ができるようになるには数か月を要します。

女性の身体は、一年に一人乳児を産むことができる仕組みになっています。毎年乳児を産むことができるものの、乳児を出産した母親が一人で四六時中養育することは体力的にも精神的にも不可能です。古来より、毎年子どもを産むことができる母親には必然的に助けが必要で、助け合う仕組みが共同養育です。現代は家族計画が普及し、計画的出産が主流です。しかし、乳児一人を一人の母親が四六時中養育をすることがどれほどの労力と負担、苦痛を伴う活動であるかは容易に想像ができるでしょう。

共同養育が共同体の安定につながる

出産は元々、家庭で行われていました。近代社会に移行するまでは農業、林業、漁業といった第一次産業が主流で、これらの多くは（家族が助け合って営む）家内労働が中心でした。

家内労働を安定させるためには、労働力が必要です。しかも子どもは病気に感染しやすく、死亡リスクも高いので、子どもをたくさん産み育てて労働者にさせることが、家族の安定につながりました。当然、家族は支え合い、地域がその家族を支え合うことが共同体を安定させることでした。

　共同体は庶民階級で結びつきが強く、父親やきょうだいも子守りや子育てに参加し、隣近所で子どもを預け合う、地域全体で子どもを見守り育てるという共同養育が行われていました。共同養育はまさに、それぞれが時間帯や役割に応じて子育てを行うチーム保育の機能を担っていたのです(図表1-7)。

■図表1-7　共同養育の仕組み

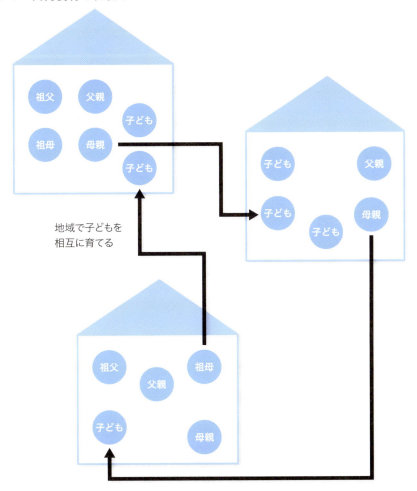

2　地域での共同性

実親に代わって子どもを育てる仮親

　我が国の子育ての歴史を振り返ると、江戸時代には「仮親」制度がありました。制度といっても法律や条例で決まったものではなく、共同体の共同養育のような営みです。実親だけでは子どもを産み育てることが難しい時代に生きた人々は、実親に代わる大人（養育者）の存在として、多くの親（仮親）を我が子にあてがったと考えられます。これを民俗の知恵といいます（大藤1967、大竹2019）。

　仮親とは、実の親以外の大人と義理の親子関係を結ぶということです。それは、妊娠中に岩田帯を送る帯親など子どもの誕生前から始まります。妊娠・出産期には取り上げ親や抱き親、乳母、名付け親などがいます。取り上げ親や抱き親は現代の助産師の役割であり、乳母は母乳が出にくい母親の代わりに子育て中の母親が乳を与えるものです。

　出産時には他にも、行き合い親といって路地を行き交う人に抱いてもらったり、四辻に子どもを寝かせ、行き交う人に抱いてもらい誕生を祝ってもらうという風習がありました。また産後の肥立ちで苦しい母親に代わり、子どもを預かるヤシネ（養い）親も共同体（隣近所）にはいました。

　子どもが成長するとともに、元服の儀式に立ち会う烏帽子親、婚姻時の仲人親などが仮親として存在しています。多くの仮親が存在していた背景には、子どもが成人するまで実親が生存できるのが厳しい時代で、子どもの命と成長を確実に見守る仕組みを作る必要があったのです。

　大竹（2019）は仮親の仕組みを紹介しながら、「親がなくても子が育つ」の親とは「実親」を指し、その代理である仮親が多数存在していたために子育てが成り立っていたと解説しています。言葉を替えると、子育ては子どもの成長を見守るチームの支えがあって成り立っていた営みだと考えることができるのです。

子育てには母親が唯一無比の存在という誤解

　古来、子育ては共同で行われていました。しかし現代社会では、医療の進歩や生活環境の安定、就業や家計経済の安定によって、命と生活が安定するようになりました。反対に民俗の知恵は衰退し、地域社会で共同した子育てもその姿を失いました。つまり、母親一人に子育ての負担がのしかかるようになったのです。

　母性神話は「女性には、子どもに尽くす資質が備わっている」という言説です。これは、子育てには母親こそが唯一無比の存在であり、特に乳幼児の母親の愛情は重要である（3歳児神話）と社会に誤解を与えました。高度経済成長期の専業主婦の誕生とともに、母親を家庭と子育てに専念することが優先されるようなシステムが出来上がったとも考えられるのです。

　地域での共同養育が失われた中で、生活困難を抱えた家庭での子育ては行き詰まり、母子が孤立します。結果として、日本社会では1970年代から養育放棄や虐待のような事態（コインロッカーベビー事件など）が顕著になりますが、それでも子育ては母親の責任であるという言説は、現在においても一定の支持を得ています。

　一方で、男女雇用機会均等法の成立、バブル崩壊後の経済の不安化に至り、母親の就労が徐々に増え始め、共同養育が消失した社会での子育てと仕事の両立の難しさが浮き彫りになっています。子育ての第一義的責任が家庭にあることは自明ですが、それを支えるためには社会が子育てを支える第二義的責任を果たすことが求められています。特に第一義的責任を果たすことに困難を抱える家庭には、地域社会を含めた支援が必須であることは明らかです。

　子ども・子育て支援新制度が施行され、共同養育に代わる子育てを支える新たな社会の仕組み、つまり家庭と保育、地域子育て支援といったチームによる子育ての基盤が構築されつつあるといえるでしょう。

3 子ども・子育て支援新制度における チーム保育の課題

長時間保育による保育所の役割

　保育所に目を転じると、子ども・子育て支援新制度の施行で、保育標準時間は1日あたり最長11時間となりました。睡眠時間を除けば、保育所で過ごす時間が圧倒的に多くなりました。保育所保育が子どもの発達・成長に果たす役割は大きくなり、家庭との共同体制を構築することが求められています。

　保育所保育指針では、保護者と地域がもつ本来の子育て力を高めること、保護者の保育への参加を促し保育所保育の理解を高めること、地域とともに子育てができる環境を整備することなどが示されています。

　子どもたちは、日中のほとんどの時間を保育所で過ごすことになりますが、保育所が家庭の子育てを肩代わりするのではなく、保護者を保育所保育に巻き込みながら、保育の内容とともに、子どもの育ちを理解することが子育て支援を実現すると考えられます。

　また、地域住民、ボランティア、小・中・高校生といったさまざまな世代と交流することは、子どもの成長発達に欠かせません。保育者が子育ての責任を担うことはいうまでもありませんが、地域を巻き込んだ共同養育の体制を作ることがまさにチーム保育であり、家庭と保育所、そして地域といった三位一体の子育てを実現することになると考えられます。

保育所ならではの専門性

　人を援助する「技術的熟達家」は、人に関する理論を学び、経験知を積み重ねながら高い技術を身に付けていきます。子どもの成長と発達を促す保育実践も同様です。

　しかし、子どもへの一つの対応がすべての場面で正しいとは限りません。「子どもが泣いている時にはこうすれば泣き止む」といったマニュアル対応は存在しま

せん。子どもの年齢や特性、その時の前後の状況などから、声をかけて話を聴くか、黙って見守りあとから話を聴くか、黙ってそばに寄り添うのか、経験に裏打ちされた熟達が求められます。一回として同じ状況はなく、同じかかわりではないのです。

　言い換えれば、保育は即時的で、即興的に子どもに対応することが求められます。ですから保育者は、子どもとのかかわりを「やりっぱなし」にしないために、同僚の保育者と保育を振り返る必要があるのです。

　矢藤（2017）は、次のような保育実践の性質をあげています。

- 一回性…二度と同じことが起こらないこと
- 不確実性…こうすれば必ずこうなるという確実さが保証されないこと
- 複雑性…ある場面が成り立っている要因はさまざまで、原因と結果が特定できにくいこと
- 曖昧性…場面や行為の解釈は多様にできること

これは保育、教育に留まらず、対人援助の実践全般に当てはまります。この対人援助の特質は「行為の中の省察」と呼ばれています。一つひとつの行為をしながら、省察＝振り返り考えながら次の行為につなげるという作業です。

　保育の専門性とは、子どもの成長・発達に直接的にかかわりながら、保育内容を振り返りつつ、保育者自らの子どもへのかかわりを内省し、新たな保育を展開するという発展型の発達支援の営みといえるでしょう。

　長時間保育によって保育者のシフトは多様になりました。1日の中でも一人の子どもにかかわる保育者の交代があります。子どもにとって愛着の対象は複数でよいのですが、担当する保育者は情報を共有しつつ、当日の子どもの様子を把握しなければなりません。登園・降園時の保護者との引き継ぎも、丁寧に行う必要があります。保育の長時間化は、チーム保育の重要性をいっそう高めています。

4 園内外のチーム意識

　園内では、保育士を始めとする専門職および職員がチームのメンバーとなり、場合によっては、保護者や園外の専門機関、地域住民を含むこともあります。以下の例から、場面に応じたチーム体制について考えてみましょう。

災害や事故から子どもを守る

　災害や事故から子どもを守るためには、保育所、地域住民・民生委員・児童委員、警察、消防、市役所（防災・避難計画）、社会福祉協議会などとのチーム体制が必要です。保育所を利用する子どもを地域全体で見守るには、地域の役員や住民、警察や消防、行政などを含めたチーム体制を組む必要があります。

　近年増えている災害や事故などから、保育所と子どもをどのように守るのか。園外に出かける場合の安全対策や危険を防止する方法などを、住民や専門機関とともに考えることが重要です。保育所内でも十分に検討をした上で、住民や専門職の助言を得たり、サポート体制を作る、役割を確認するなどの作業が必要になります。

子どもの発達支援

　発達に課題のある子どもの発達支援には、保育所や保護者、児童発達支援センターのコーディネーター、心理士、医師といった専門職によるチーム体制が必要です。支援が必要な子どもの保育には、専門機関の助言や指導が不可欠です。最近では個別の支援計画が活用されつつありますが、指導方針の共有化が十分になされているとはいえません。関係機関の指導内容を、保護者が保育所に伝えることも少なくありません。

　本来は支援コーディネーターの役割ですが、タイムリーな情報を共有するためには、保護者から報告に頼らざるを得ないところがあります。また、心理士や保健師などの巡回訪問の際、保育現場での子どもの姿を見てもらうのは大切な機会

です。個別の支援計画には保護者、医師、保健師、心理士、コーディネーターなどが参加し、対象とする子どもの理解と支援計画の確認、それぞれの役割を確認する必要があります。

児童虐待の防止

　虐待防止のためには保育所、福祉事務所、保健センター、児童相談所、医療機関（歯科を含む）のチーム連携が不可欠です。近年は養育困難を理由に保育所の利用が推奨されるケースも増えつつあります。しかし、関係機関は虐待対応の業務で多忙化しており、保育所が子どもと保護者への対応の主体になることも珍しくありません。

　子どもの命を守り、親を支えるために、保育所は虐待防止（虐待対応）チームの一員として、保育所で対応できる役割と限界を明確にする必要があります。役割と限界は一律に決められる内容ではなく、ケースによって異なるため、個別ケース検討会議に参加できるよう、市町村の担当部局と調整する必要があります。

　保育所は子どもの命、安全そして成長と発達を守るために、地域の関係機関と密接に連携をとる必要があります。そのためにもまず、保育所での状況やケースに応じたチーム体制を作ります。役割分担をすることで、チームでそのケースを「包み込む支援」ができ、保育者個人では困難な「通告」などを組織の判断で行えるようになります。

　保育所は日々の子どもと保護者の様子を確認できる施設であるため、関係機関から期待される役割が多くなります。何を期待されているのか、保育所で対応可能な役割と限界、他の機関から受けることができるサポートなどを保育者それぞれが意識的に確認しましょう。保育者の役割分担と連携の方法を具体化させるためにも、チーム体制の構築が必要です。

3 チームが必要な理由とは？
時代の変化と求められる保育

■1 11時間保育によるシフト制

┃シフトの複雑化による情報共有の必要性

　子ども・子育て支援新制度の施行により、保育標準時間は1日あたり最長11時間、同短時間は同じく8時間となりました。保育時間の長時間化は、必然的に数多くのシフトの組み合わせを必要とします。

　この状況では、一つのクラスで1日に2つから3つのシフトで担任（担当）が入れ替わることも珍しくありません。昼間の保育はクラス担任が担い、朝夕の対応は担任とは異なる保育者が担い、送迎時の保護者対応は担任以外が中心的に行っている園もあります。ですから、子どもの様子を把握している担任と、保護者の様子を把握している職員それぞれの「情報共有」を主とした「連携」は日常業務として必須となります。

　朝に保護者から聞いた子どもの様子を担任に伝達する、気になる親子の様子について担任を含めた職員で共有するといった「連携」は基本です。シフトが複雑になれば、タイムリーに誰に伝えればよいのかという判断が必要になります。少なくとも、保護者から得た情報や気になる親子の様子については、対応した保育者が担任に伝えるまで一人で抱えるのではなく、クラスや学年の複数の保育者と共有するのが望ましいでしょう。

　早めの共有ができれば、伝達漏れを防ぐこともできます。特にチーム内（クラス）での情報の共有化は、怠ることがあってはなりません。みんなで保育している以上、いつ、だれがその保護者の対応をすることになるかという予定を組むことは難しいです。当然ながら保護者は、一人の保育者に伝えたら、朝のことは遅くとも夕方までに、夕方のことは翌日の朝には職員に周知されていると思っています。

ところが、伝えた保育者とは別の保育者が「いえ、私聞いてないので」と答えてしまっては、保育に対する不信感に直結することは明らかでしょう。短時間で情報を共有するためには、クラス内や園全体の連絡・周知ノート・壁紙ミーティングを作り、保護者からの情報はただちに記述し、交代の保育者は必ず確認するといった意識づけが必要になります。(図表1-8)

会議の効果的な運用

　また、週1回程度、クラス内で会議をもち、伝達・共有すべき項目は1回5分間でもいいので、口頭で共有します。顔を合わせて伝えることは、情報の補足をカバーでき、その後の対応を考える機会となります。複数で話すことで、保育者同士が「あの(その場にいない)先生に言っといて！」と伝言するよりも、情報が正確にイメージのずれがなく、要点がまとめられた伝わり方になります。

　それぞれの役割や保育者としての特徴をお互いに理解しあいながら、情報を絶えず共有するという動きを全体で執る必要があるでしょう。けがや病気などのヒヤリハットの事案は、日頃の役割を超えた臨機応変なチームワークで解決していく動きが求められます。

■ 図表1-8　情報の共有方法

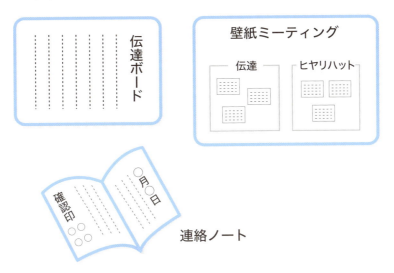

2 配慮が必要な子ども・家族の増加

　配慮を要する子どもが社会全体で増えているといわれています。保育所や認定こども園にも、配慮や支援を要する子どもたちが通うようになりました。

子どもの育ちへの保育所等のかかわり

　発達に課題を抱える子どもを園で受け入れる場合は、全職員で子どもを見守るという意識が必要です。担任だけでは負担が大きすぎますし、不安を強く抱える子どもが安心して園に通えるようにするためにも、全職員の温かいかかわりは欠かせません。

　コミュニケーションを苦手とする子どもや、人との関係を発展させるのに時間を要する子どももいます。不安やコミュニケーションに課題を抱える子どもは、より全職員がコミュニケーションをとることを心がけるとよいでしょう。担任一人でコミュニケーションを図るには負担が大きすぎます。別府（2007）は、配慮を要する子どもの中にはさまざまな姿や表情、声を出す保育者とのかかわりによって、愛着関係とコミュニケーション力が育まれる子どもがいると述べています。

　子どもは保育者との関係を模索し、自分から近づく職員と遠ざける職員ができることがあります。子どもの特性によっては、担任以外の保育者になつくこともあります。まずは子どもが安心して過ごす環境を作るために、「担任だから」と関係づくりをあせるのではなく、全職員で見守る体制を作ります。子どもと関係を作りやすい保育者が愛着の対象となって、そこを安全基地としながら人間関係を広げ、子どもにとっての安全基地をたくさん作ります。まずは、子どもが安心して園に通えるようになることが大切です。子どもの人間関係を安定させるためにも、目的をもったチームワークが求められます。

親の育ちへの保育者のかかわり

　親になるための準備を指す「親準備性」という言葉があります。これは、乳幼児

と触れあったり遊んだりした経験がある、乳幼児のケア（授乳や食事、抱っこ、おむつ替え、沐浴など）といった経験なども指します。あるいは、乳児を育てている親と身近に接しながら、生活の楽しさやつらさといった子育てに関する様子を知っている状態なども指します。

「子育てがこんなに大変だと思わなかった」とこぼす親の中には、親準備性が整わないまま我が子を出産する例も少なくありません。保育所等を利用する子どもとの生活で、子どもの育ちを実感し、子育ての充実感を十分に経験しないまま、就労する場合も少なくありません。「子どもがかわいく思えない」とこぼすこともあります。

元来子育ては、家族や親族、地域の同じような子育て中の人々と共同しながら行うものです。しかし、現代社会はそのような環境にない場合が多く、多くの親は孤立したまま、自分の子育てが正しいのかと不安を抱えています。つまり、自分が親として育っているのか不安を感じているのです。

保育者は、親としての不安を感じている保護者に接する際には助言や指導をするのではなく、まず不安を受け止めるなど、寄り添う支援が求められます。寄り添う保育者が多いほど、保護者は支えられた感覚を体験でき、共同養育を実感できるでしょう。

保育所では、不安を抱いている保護者にどのように寄り添えばよいのか意見交換を行いながら、自分の立場や声のかけ方などの役割を自覚してかかわります。一人の保護者への保育者個々のかかわりを活かすことができるのです。

3　年齢をまたぐ接続・継続

　発達は年齢で区切れるものではありませんが、乳幼児期の子ども達の成長・発達は特に目覚しいものがあります。0歳児と1歳児、1歳児と2歳児そして3歳児は1年の中で飛躍的な成長を見せます。4歳児と5歳児は幼児期後半と学齢期に向けての成長となります。

　ここでは年齢をまたぐ保育の接続と継続について、主として2歳児と3歳児の接続、4歳から5歳児の移行について紹介し、チーム保育の重要性を考えます。

2歳児後半のかかわり方が大切

　子どもの年齢とともに、保育者の配置基準は変わります。特に1歳児から2歳児、2歳児から3歳児への移行は、子どもにとって大きな環境の変化となります。

　2歳児後半からは、3歳児移行に向けて保育者のかかわりに工夫が必要になります。生活習慣面での自立を目指し、3歳以降の幼児クラスへとつないでいきます。1歳児と比べて手がかからなくなった2歳児クラスに、年度末になっても同じ6対1だと、保育者から支援を受ける機会は極端に少なくなり、子どもは困惑します。進級した3歳児の4月、保育者の比率が20対1になった時、振り向けば先生がいたという環境から、急に先生は一人か二人、子どもは20人いるわけです。

　そのため2歳児後半からは、身の回りのことはある程度自分でできる力をつけるようにして、困ったことがあれば、自分で保育者に助けを求める子どもに育てることを、年度初めに保育者全体で確認しておく必要があります。

　2歳児20人を4名の保育者で担任するとします。後半の1月頃からは3名、2月と3月は保育者2名で保育するようにして、「移行期」を作ります。3歳児の担任と、3歳児と2歳児の子どもの姿を共有しながら、移行期の生活面に関する保育について考える機会をもつことで、2歳児担当の保育者は子どもにどのような力を身に付けさせればよいのか想像できるようになります。

　チームで移行期の保育展開を考えず、4月から3歳児クラスに急に移行すると、子どもにとって退行や行き渋りが起こりかねません。クラスをまたいだ担任の

チームワークの期待が大きいといえます。

4、5歳児の移行

4、5歳児の移行でも、保育者のチーム連携が必要です。3歳児はクラス内でしっかりと生活面をおさえて、子どもの居場所づくりをするため、前期は単独で遊びや生活をすすめる機会が多くなります。しかし、クラスに慣れるにつれて、4、5歳児は、遊びによっては一緒に活動したり、4歳が5歳から刺激を受けたり、5歳になったらあんなことができるのだという社会的学習の場が生まれ始めます。一方で、5歳児は対外的な行事や活動が増え、就学に向けての取り組みが多くなります。ですから5歳の担任の負担は大きく、4、5歳の担任間の連携が重要です。

図表1-9は、接続・継続のイメージです。1年（数か月）後の発達を見据えて、翌年の保育を考えるのが①になります。その上で、接続期の課題を考えるが②となります。また、現在の学年（年齢）から1年（数か月）前の育ちに必要な保育を考えるのが③、接続期の課題を考えるのが④となります。

■ 図表1-9　接続・継続の考え方

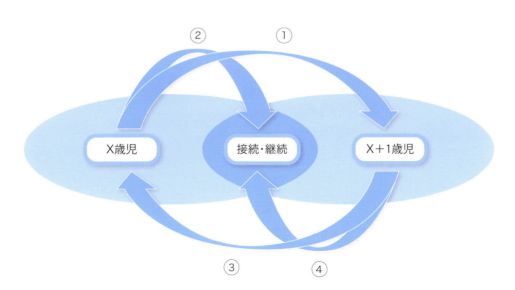

4 チームの役割とは?
保育はチームワークで成り立っている

1 チームワークを意識する場面

　保育はチームワークで成り立っています。日常の保育でチームワークを意識する場面を考えてみましょう。

保育者・職員の役割と意識

　日々の一人ひとりの子どもの見守りには、担任一人でできることとできないことがあります。保育中の様子を複数の保育者で見守り、気になることは共有しながら、子どもへのかかわり方を瞬時に判断することもあります。お互いの役割や動きをカバーすることもあるでしょう。担当制の保育をしていても、子どもと保育者の相性があります。子どもが他の保育者に甘えの行為を見せると、担任は複雑な思いを抱くかもしれません。甘えを受け入れる保育者は、担当保育者と子どもの状態を共有し、自分と担当の役割について、子どもを中心に置いた保育チームとして対応します。

　配慮が必要な子どもの場合には、子どもの特性を多面的に捉えます。集団の場面と一人の場面、苦手な場面と得意な場面など、日常の保育の中で見える子どもの細かな様子について、職員を交えて情報を集めます。子どもによっては、調理室や事務室などの特定の場所を好んだり、特定の保育者に甘えを見せることがあります。特定の保育者に子どもの保育を任せるのではなく、全職員で見守りながらコミュニケーションのとり方について共通理解を深めます。

　保育者・職員が温かい気持ちで子どもを受け入れる環境を作り、声をかけるなどコミュニケーションをとる役割を確認することで、保育所への子どもの安心感は高まるでしょう。

行事などでの保育者の意識確認

　最近は保育参観や保育参加が頻繁に開かれるようになっています。これには、保護者に保育の理解を深めてもらおうという意図があります。その形態は「見る、参加する」型から「目的をもって観てもらう、参加してもらう」型に変わりつつあります。

　保育参観や保育参加は保育の質を高めるためにも必要です。保育の目的と保育内容が連動していることを理解してもらう、保育者と子どものかかわりを見てもらうことを通して、保育者の自分たちの日常の保育を振り返る機会となります。また、保育者は見られることを通して、保育に対する考え方や取り組みを向上させる機会となります。

　子どもや保育者の動きの中で、保護者に見てほしい部分を意識してもらうためには、保育者が参観の目的を確認し、保護者対応の役割と分担、カバーしあうことを確認します。参加してもらう保育場面、役割、保育者との動きの連動など、保育者同士の以心伝心といった言語・非言語を交えたコミュニケーションを意識しなければなりません（図表1-11）。

■ **図表1-10　保育参観・保育参加の効果**

---

① 保育の理解がすすむ

② 子どもの発達理解がすすむ

③ 多くの子どもに慕われることで自尊感情が上がる

④ 自分の子どもとのコミュニケーション力が上がる

⑤ 一緒に参加した保護者とつながる

⑥ 保育者との信頼関係が高まる

■ 図表1-11　保育参加の場面

子どもと保護者を見守りつつ、役割を確認する
・保護者に役割をもってもらう
・多くの子どもに声をかけてかかわってもらう（名前を覚えてもらう）
・保護者のかかわりを評価する
・保護者同士のつながりを作る

突発的な出来事への備え

　地震を始めとする災害や事故は、予期しない出来事が含まれますが、起こりうる事態を想定し訓練を行うことで、とっさの対処力も高まります。判断を高めるためには、日常からコミュニケーションを高め、保育者・職員の役割を相互に理解し行動できるように準備しておく必要があるでしょう。具体的には、子どもの命と身体の守り方、被害状況、保護者への連絡と受け渡しなどについて、園内・園外の保育を想定しながら繰り返し全職員で確認します。

2 他職種とのチームワーク

専門性を活かし、役割を遂行する

　保育所には保育士、栄養士・調理員、事務職員などが働いており、園によっては看護師が常駐しています。こうした専門職は、アレルギーなどの除去食対応、病気やけがのケアとその後の対応で、専門性を発揮します。保育者はそれぞれの専門性を活かしつつ、保育者としての役割を認識しなければなりません。具体的には、「誰が」「何を」「いつ（どのタイミングで）」「どのように」行うのかという確認です。

　除去食の場合、献立から除去に該当する品目を確認するのは、栄養士・調理員とともに、担任も確認する必要があるでしょう。献立の工夫は栄養士の役割になりますが、子どもの食事場面（何を好んで食べていたかなど）を伝えるのは、保育者の役割になります。

　また、病気やけがの場合、医療的処置は看護師が行いますが、子どもの不安の受け止め、家族への連絡、予後を含めた家族との調整などは、看護師と保育者が役割分担を図りながら対応を進めていきます。

　職員だけでなく、保護者をチームの一員として位置づけることも大切です。家庭での子どもの様子、保護者の子どもへのかかわり方などを確認しながら、保護者の意向を取り入れるためにも、職員の話し合いの場に保護者が参加できる配慮があると、保護者の主体性も促されるでしょう。

3 子どもと保育者の関係

子どもの甘えの受け止め方の違い

　子どもは相手によって、表現する言動を変えます。保育中の子どもも、保育者によって示す行動が異なってきます。

　甘えの出し方（頼り方）といった愛着行動は、保育者の愛着のスタイル（反応の示し方）によって異なってくると考えられています（遠藤ら）。ここでいう甘えとは、「何らかの不安」を感じた際に養育者（親、保育者など）との間で気持ちを落ち着かせるための行動と捉えます。

　一般的に保育者の感受性と応答性が高い場合、子どもはその保育者に甘えを示し、落ち着く傾向があるといわれます。甘えを十分に受け止めようとする保育者と、自分で乗り越えさせようと考える保育者では、子どもへの対応が異なります。子どもの年齢に応じた発達の捉え方や、子どもへの期待の仕方によっても、対応には違いが出ます。

　甘えを受け止めようとする保育者は、一人で乗り越えさせようとする保育者を冷たいと感じるかもしれません。逆に、一人で乗り越えさせようとする保育者は、甘えを受け入れようとする保育者を甘いと感じるかもしれません。このように、子どもとの関係で保育者同士の子どもの言動の捉え方や考え方（価値観）が異なるのは日常的なことです。

他者の考えやかかわり方を認めることの大切さ

　具体的な場面で考えてみましょう。

　2歳児クラスのA君は、できないことがあると泣いて助けを求める傾向があります。担任のB保育者は、A君の不安を保育者として受け止めながら、手を貸そうとします。反対に担任のC保育者は、不安を乗り越えさせようと、一人でがんばらせようとします。やがてA君は、B保育者には手伝ってもらおうとし、C保育者にはできないまま泣きもせずにやりすごそうとします。

この状況では、B保育者はC保育者に手を貸してあげてほしいと思い、C保育者はB保育者に手を貸すのを止めて一人でさせるようにしてほしいと思うかもしれません。

　二人の保育者に必要なのは、A君に対する対応の違いを認め、A君の行動の捉え方や対応への考えを出し合い、認め合うことです。また、お互いの子どもとの関係（ここでは甘えへの対応）が、相手と子どもとの関係に与える影響を考えます。
　そうすることで、自分の子どもとの関係のとり方の特徴を自覚できるようになります。そしてお互いの保育に対する考え方を理解し、二人のかかわりの中でA君の成長を見守れるようになります。保育者同士が子どもへのかかわり方を認めることで、臨機応変に話し合いの機会をもつことができるようになるでしょう。
　保育者は、子どもの言動の捉え方や対応が異なることを認識しなければなりません。この認識が浅いと、お互いの子どもとの関係を批判的に見ることになります。大切なのは、子どもの言動に対する捉え方や対応の違いを確認し認め合うことです。

4 保護者との信頼関係

保護者の愛着スタイルを知る

　保護者との信頼関係の作り方は、子どもとの関係づくりに類似しています。保育者が敏感になるのは、保護者の養育態度でしょう。具体的には、送迎時の子どもへのかかわり方や接し方ではないでしょうか。

　保護者の子どものへかかわり方を愛着スタイルで考えてみます。愛着スタイルは、子どもの言動に対する感受（敏感）性と応答性で見ることができます。子どもへの感受性が高く応答が適切であれば、子どもと保護者の関係は安定します。感受性が低く応答が適切でないと、子どもへのかかわり方は回避型（子どもへの関心が低い）になります。感受性が高く、応答が自分本位になると、子どもへのかかわり方は混乱型（子どもへのかかわりが常に不安定）になります（図表1-12）。

　愛着スタイルはきれいな型に分類することが難しいですが、回避型や混乱型の愛着スタイルの保護者には、保育者が助言などをしようとします。しかし、回避型は元々人とのかかわりが浅いタイプなので、保育者との関係も回避的になりがちです。混乱型は人との関係が自分本位で落ち着かず、子どもへの対応であせりや不安が強いため、保育者に質問が多くなりがちです。

　保育者は、保護者の子どもへの対応を望ましい方向へ変えようとあせらないことが大切です。保護者の愛着スタイルは、自分が子ども時代に親との間で体験したスタイルを再現する可能性が高いとされています。子ども時代の体験を子どもとの関係で再現していると考えれば、保護者が子ども時代に親との関係で体験していないことは簡単にはできないことになります。

園全体でのかかわり方

　保護者との信頼関係を作るためには、愛着スタイルを認めることが第一段階です。第二段階は、園全体で保護者を受け止める姿勢を見せることが大切です。職員が丁寧に声をかけて見守っていることを伝えることで、保護者は園全体を安心

できる場所として信頼できるようになります。

　第三段階は、個別に話を聴こうとすることです。仕事や家での忙しさ、体調など、保護者自身の話を受け止めます。話を聴くのは、保護者が信頼を抱きやすいと感じ、話しやすい職員が望ましいでしょう。担任は、その職員を通じて保護者の話を聴き、保護者理解に役立てます。あせることなく、子どもとの関係を通して保護者に声をかけ、時間をかけて信頼関係ができるようにします。

　このように、保護者との信頼関係は園全体で取り組む＝チームワークが試される場面になります。子どもへのかかわり方や担任との関係のとり方が気になる保護者は、さまざまな職員がこまめに声をかける、保護者が話しやすい職員が話を聴き、担任と連携するといったチーム対応を心がける必要があるのです。

■図表1-12　保護者の愛着スタイルとその対応

子どもの愛着の示し方		愛着スタイル	園のかかわり	愛着スタイルに合わせた対応
感受性・応答性	子どもへの反応			
高	落ち着いた安定したかかわり	安定	①愛着スタイルを認める ②全職員による声かけ、受け止め ③個別のコミュニケーション、感情の受け止めと共感的対応	子どもについて落ち着いて話し合う
低	距離を置く、接触を図る	不安定（回避）		親自身の話（体調、仕事、生活など）を聞き、受け止める
低	自分本位で子どもも親も混乱	不安定（混乱、とらわれ）		子どもの気持ち（親への欲求）を代弁し、理解を促す
低	無秩序	不安定（無秩序、無責任）		複数で共感的対応。親の不安を受け入れる

5 子どもと保護者の信頼を高める（信頼を回復させる）

まずは「広く・浅い」関係づくり

　子どもと保護者の信頼を高めるためには、前項で示したように、職員による小まめな声かけを心がけます。信頼関係が作りづらい、あるいは対人関係が作りづらい子どもや保護者には、担任や特定の保育者との関係を深めるよりも、さまざまな職員と日常のあいさつのように、お互いに緊張感の低いかかわりを目指します。「広く・浅い」関係づくりが第一段階です。

　さまざまな職員とのあいさつなどの一言のやりとりができるようになると、「人」への緊張感が低くなると考えられます。そうすれば、担任や特定のかかわりやすい職員が少しずつ、本人の「波長に合わせた」かかわりを増やします。「波長合わせ」とは、しゃべり方や動作などの「所作」を相手に合わせたり、相手が話しやすい「話題」に合わせる、本人の長所を指摘するといったかかわりです。子どもや保護者と波長が合うと、相手は話がしやすくなり、言葉が増えていきます。保育者も保護者との会話やかかわりに安心感を抱き始め、興味や関心が徐々に高まり、相手の長所が見えてきます。

「波長合わせ」の広がり

　例えば、コミュニケーションが苦手な保護者のＤさんは、「人形」の話と「テレビコマーシャル」が大好きです。その話題になると言葉が多くなります。その話を聴いていると、担任も人形やコマーシャルに興味が出始めます。

　担任を避けていた保護者のＥさんは、フリーの保育者に「韓流」の話を楽しそうにできるようになりました。その保育者は「韓流」をあまり知りませんでしたが、Ｅさんの持ち物から察して自分で調べ、話題としていきました。担任はその保育者から話を聴き、保護者に韓流の話題を促すと、少しずつ話の波長が合うようになりました。

　しばらくすると、Ｅさんから子どもの育ちで気になることがあり、保育所の様

子を教えてほしいと相談を受けることができました。

　このように、対人関係に不安や緊張を抱く子どもや保護者と信頼関係を高めるためには、園全体で包み込むように彼らを見守り、職員が簡単な言葉をかけるなどして安心感を高めながら、話がしやすい保育者との波長合わせを高めます。さらにそれぞれの保育者の役割を自覚し、情報交換して理解を深めるようにします。

5 落ち着かない人間関係
関係性を築く工夫

1 落ち着かない職員室（休憩室）と保育者

環境の工夫でチーム力を高める

　チームワークを考える際の現実的な課題について、太田ら（2009）、中山（2009）が示している保育者同士の関係を参考にしながら考えてみましょう。

　保育所によって、職員室（休憩室）や休憩室の広さはさまざまです。事務室であれば、保育者1人に一つの机が保障されず、複数の保育者で共有しているのが現状です。机の有無だけでなく、落ち着いて作業をしたり、話し合いをする場にはなっていないのが実情でしょう。

　休憩室でも、落ち着いて昼食をとる時間やゆっくり会話を楽しむことがないまま保育室に戻るのが習慣になっているのではないでしょうか。広さも十分ではなく、長くいることが逆にストレスになってしまうこともあります。

　部屋を広げることはできませんが、机やパーテーションの配置を少し変えることで、機密性を保つことはできるでしょう。保護者や子どもの目にさらされることが防げる空間（できれば3、4人座れる場所）ができれば、ホッと落ち着くことができます。機密性が保たれる場があれば、相談もしやすくなるでしょう。

　物理的な変更は簡単にはできません。手狭な場合は、職員がリラックスできる場としたいものです。職員室や休憩室は力を抜いてゆっくり話ができ、保育に関する考えや感想を出し合うことが許される場であってほしいものです。考えや感想を出し合う中で、ヒヤリハットを確認したり、気になる子どもや保護者の様子を振り返り、気づいたことをメモして情報共有を行う意識も高まるでしょう。

　チーム力を高めるためには、保育者が落ち着いて話ができる場を確保すること、職員室（休憩室）を落ち着いた環境にする工夫が必要です。

風通しの良い環境が対話を促す

　チームワークを高めるためには、職員が考え感じていることを自由に話し合える場が必要です。職員室は出入りが激しく、落ち着いた環境にはなりづらいですが、職員が身体の緊張をほぐし、子どものちょっとした成長を喜び、あるいは保護者対応の難しさを吐露できる場でありたいものです。

　職員室は、送迎時の保護者や子どもの様子を近くで確認できる場所にあるため、機密性が確保されにくいのも実情です。固有名詞を出すような話では、送迎時などに配慮が必要になります。このように職員室は本来落ち着かない環境にありますが、経験の浅い職員の仕事をねぎらう言葉かけをしたり、子どもの様子をたずねたりすることで、話をしやすい環境に変わると考えられます。

　意識するのは、職員間のコミュニケーションです。思ったことを話せていますか？　年齢や園での経験の差を気にするあまり、経験の浅い保育者が思ったことを言えないのではありませんか？　思ったことを何でも発言していては、職員同士といえども会話が成り立たなくなります。むしろ（保育内容などで）よいと思った取り組みや成果が言えない、子どものためになるのかと思いながらも、経験の長い保育者には言いにくいなどの「気遣い」が過ぎてしまうと、子どもたちが帰宅した後でも、落ち着かない要因になり得るのです。

　落ち着かない状況は、本当に大切な話ができない状況に陥る危険性もあります。若手の保育者が思ったことを言える雰囲気にするためにも、実習生や新人がその日の体験や疑問を発言し、それを前向きにしっかりと受け止める職員集団でありたいものです。

2 職員同士の気遣い

気遣いのもつ危うさ

チームとしてメンバーがお互いに気を遣うことは、エチケットとして大切にしたいものです。しかし、若手保育者が先輩保育者に気遣いをすぎると、質問すらできなくなります。先輩から声をかけてもらうまで、保育の流れについていけているか、ペースを乱していないかなど、職員集団の中での自分を気にするあまり、子どもが見えなくなる危険性が生まれます。

若手の保育者や実習生が「すみません」「ありがとうございます」としか発言できず、先輩から「わからないことは聞いてね」と言われても「大丈夫です」としか返事ができないのは望ましい関係とは言えないでしょう。

内面と異なる行動を見せる「表層演技」

では、なぜそのような職員同士の気遣いが生まれるでしょうか。新人や若手保育者は、誰しも一生懸命働いているように見せることが自分の役割だと思い込む傾向があります。一生懸命さは、働く者として大切にしたいですが、意識しすぎると、自分の内面と異なる行動を他者に見せてしまうのです。これを「表層演技」（ホックシールドA.R 1983）と呼びます。

対人援助の専門職は、基本的には「表層演技」に価値を置きます。自分は疲れていても、子どもの前では元気に振る舞う、悩みや迷いがあるけれど、表面的に気持ちを切り替えるなどです。子どもや保護者に向けられるべき心が、同僚との人間関係ですり減ってしまう状況に陥ります。

元来、保育は感情労働です。子どもとの情緒豊かな交流を保ちつつ保育をするためには、感情の管理が求められます。感情の管理によって、同僚との間でも上手に振る舞うことが当然だと思ってしまうのです。「自分の気持ちはチームの和を乱す」「先輩に合わせるのが第一」と、感情の管理が優先するがゆえに矛盾が起こります。結果として、専門職としての自律性が失われることになり、集団とし

て整っているようでも、個々の保育者の力が高まらない管理されたチームになるのです。

子どもに対して「表層演技」は一定の価値をもちますが、職員間、同僚との間で続くと、負の感情や思いが共有されず、一人で抱え込むことになります。

内面と行動が一致する「深層演技」

「表層演技」に対して「深層演技」があります。これは、保育者の成長によって内面と行動が一致する状態を指します。「深層演技」は思ったことや感じたことを、子どもや保護者に言葉や行為で、相手を傷つけることなく示すことができるという熟達の域です。つまり、ベテラン保育者が熟達者として「深層演技」を職場で見せることで、若手保育者は職員間で「表層演技」にとらわれる必要がなくなるのです（太田・太田 2009）。

運動会を控えた職員会議を例に考えてみましょう。

例年どおり、3歳児を4、5歳児と一緒に練習をさせようと先輩保育者らが考えています。一方で、3歳児の担任保育者（チーム）は、今年の運動会は遊びの延長としてプログラムを作りたいと考えています。3歳児の担任保育者、4、5歳児担当の先輩保育者に意見を言うよりも、先輩に合わせることが無難だと判断しました。結局、3歳児の担任はクラスの子どもたちに無理をさせる結果となったのです。

若手もベテランも、自分の思ったことや感じたことを言葉に出すことは、職場や各自の課題を解決するためには必要なことです。先の事例から、職場や自身の課題を話し合うことは、子どもの成長発達を支えるために大切だとわかるでしょう。職員間では「表層演技」と「深層演技」が組み合わさった職場の状態、職員間の関係が「個」の力と「関係性」を高め、総和としてのチーム力の高まりにつながるのです。

職員同士の気遣いはマナーとしては大切です。しかし多忙の中、お互いが気を遣い過ぎて意見が出せない関係に陥ると、職員はチームとして機能しなくなることを意識しておきましょう。

6 チームワークの4つの効果
保育者の成長を促し、子どもに還元する

1 好循環を促す

よいチームワークとは、よい結果が残せること

　次に、チームを組むことの効果を考えてみましょう。チームの歴史で見てきたように、子どもを育てるという営みは「共同養育」として行われていました。親との愛着をベースにした共同養育は、子どもの社会性を促していたと考えられます。

　保育も同様です。保育者は発達援助の専門職ですが、一人で子どもの保育ができるわけではありません。同僚の支えや学び合いによって、子どもにとって安定した保育が行えるようになります。何よりも、保育者として成長できるのです。

　効率よくよい結果を残すことで、仕事への満足度が高くなり、勉強になった、学ぶことができたと感じるようになるのです。

子どもの発達に及ぼす効果

　まずは、子どもの発達に及ぼす効果を考えてみましょう。クラス単位でチームを考えると、複数の保育者が子どもにかかわることで、子どもと保育者の一対一の関係に広がりができます。担当制を敷いている場合でも、一対一の関係に行き詰まりがある時、別の保育者からサポートを受けることで、子どもも保育者も一定の距離をとって冷静になり、二者関係に戻ることができます。

　担当（担任）は、自分の責任が果たせていないのではと不安になる場面もあるかもしれません。しかし、コミュニケーションをとることに課題のある子どもや、情緒や言語の表現が難しい子どもは、複数の保育者がかかわることで「人への認知＝安心感」が広がり、表現力が促されるともいわれています（別所2000）。担当

が子どもとの個別関係を深めるよりも、複数の（多くの）保育者が広くかかわるほうが、子どもの発達が促されると考えられるのです。

保育者の成長に及ぼす効果

次に保育者の成長に及ぼす効果を考えてみましょう。まず、保育者の精神的な負担が軽減されます。担当（担任）する子どもの成長と発達を促すという責任感のもと、チームで子どもを見る環境は、子どもの成長や保育に関する意見を交換できる機会となります。保育者も完全ではありませんが、チームの別の保育者が得意分野でカバーできます。また、一人の子どもの成長の機会をチームで考えることで保育のアイデアが生まれ、活動が豊かになるでしょう。ヒヤリハットなどについて意見交換することで、意識の向上につながります。

さらに、子どもや保護者の認識にも幅ができます。「甘えが強い」と子どもとの関係に不安を抱えていても、チームの保育者から「担任を信頼している行為だから、しっかり受けとめましょう」と助言を受けると、子どもの行動の捉え方が変わり、安心した対応ができるようになります。保育者の信頼関係が高まり、助け支えあうことで、働く者としての安心感をもたらすでしょう。

保育所運営に及ぼす効果

最後は、保育所運営に及ぼす効果です。チームのコミュニケーション力が高まると、子どもの発達を多面的に捉えることができるようになります。保護者にもチームでかかわることで、保護者は複数の保育者と安心した関係ができるようになります。

園全体で子どもと保護者を支える雰囲気が出来上がるでしょう。職員会議などでも活発な意見が出され、保育の課題や保育所の長所が共有され、子どもや保護者から信頼される保育所に成長できるでしょう。

2 効率性の向上

効率性の落とし穴

　チームワークは保育の効率性を高めます。保育計画や個別支援計画などをチームで行うことで計画・判断・行動が早くなり、作業がはかどります。

　判断や行動はリーダーシップによる部分がありますが、チームの中で活発な意見やアイデアが出されることで、方向性が明らかになり、判断しやすくなるメリットがあります。しかし、効率を意識しすぎると、人の意見を聞こうとせず、チームの一部のメンバーで独善的に判断する状況ができます。そのためには、チームで役割分担を明確かつ柔軟に意識することです。

　その際、ある保育場面での自分の役割、他の保育者の役割を理解することが重要です。助け合いは大切ですが、自分の役割を自覚し遂行することが必要です。役割遂行を努力したからこそ、結果によっては他の保育者がカバーできるようになるのです。「誰かがやってくれるだろう」という考えは、チームの歯車を狂わせる結果となります。助けてもらうのは努力の結果であって、意識して行うものではありません。まずは、自分が与えられた役割をしっかりと認識することが大切です。チームで意見を出し合うことで、役割意識が高まります（図表1-13）。

新人をチームで育てる

　新人を育てる時は、チームで行うことが効率的です。ベテランの保育者がすべて指示するのではなく、経験の浅い保育者とペアを組む機会を作る、あるいは一人で保育をする場面を作り、チームの保育者から評価を受ける機会を作ると、誰がどのような助言をしているのか共有できます。何もかも助言をするのではなく、効率よく助言ができるようになるでしょう。

　効率性を高めるためにも、チームのメンバーが積極的に保育に取り組むことが必要です。特に行事は目的、方法、計画、役割分担など多くの事柄を決める一大プロジェクトです。この時に「まだよくわかっていないから発言しないでおこう」

「言われたことをやっておこう」と思うメンバーがいれば、チームの意欲は高まりにくくなります。行事を「成功させたい」とすべてのメンバーが意欲をもって意見を出すことで、結果として計画が円滑に進み、役割を積極的に分担することができるのです。

　チームが積極的になるためには、メンバーが自分の意見をしっかりと発言する機会が保障されていること、それぞれの意見を尊重しあう雰囲気を作ること、意見の食い違いをプラスに受け止めて一致点を導き出そうとすることが大切です。

■ 図表1-13　チーム保育の落とし穴

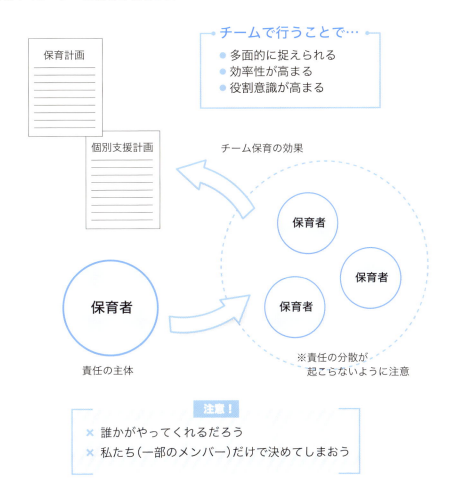

3 満足度の向上

チーム全体の満足度

　満足度には、チーム全体の満足度と個々のメンバーの満足度があります。チームの満足度は、課題や目標の達成という成果によって得られるところが大きいですが、達成までのプロセスの充実度によってもたらされます。また、メンバーのコミュニケーションの量や凝集性が高ければ、満足度は高くなります。凝集性とは、メンバーの集まり具合やアサーション（思いや考えを主張すること）、相互理解の程度を指します。特に重要な局面で凝集性が高いチームは、満足度を得やすいでしょう。

　行事やプログラムといった「イベント型」は、成果を体験しやすく満足度も高くなるでしょう。一人の子どもの成長（動作や運動の機能、人間関係など）を支援するための保育者同士の丁寧な連携などがプログラム全体を通して行われるため、一つの場面に限定され、保育者としてもチームとしてもやりがいを体験できます。

　子どものけがや感染症の拡大、保護者からのクレームなど、園全体あるいはクラスで問題が発生した場合にも、チームでの対応が求められます。解決に向けた取り組みは、心身を消耗します。難しい局面を乗り切った際には、達成感よりも疲労感が大きいかもしれません。「問題解決型」は、成果や評価をしないまま日常に戻ることがありますが、しっかりと成果を確認しておくことが、メンバーの満足度を高め、疲労を払拭することにつながります。

　アレルギーや発達に課題があるなど、特別な配慮が必要な子どもや保護者への対応は、問題の発生の予防に力が注がれることが多く、チームとしての自覚がなければ、何も起こらないことを成果と認識しないのではないでしょうか。

　しかし、日常の保育では問題が起こらないことが重視されるべきです（日常型）。問題なく終えることができたことを喜び、お互いの役割や自覚、気遣いを評価しあう環境を作ることも、チームの満足度を高めることになるでしょう。

一人の成果とチームの成果の相乗効果

　チームによる成果は、メンバーに大きな満足度をもたらします(図表1-14)。行事や特別なプログラムの成果、保育は担任の力によるところが大きいですが、保育内容は園長、主任、先輩保育者などから評価を受けることが多いと思います。保育に関する業務については、管理職から評価を受けるしかありません。

　しかし、チームとして自身の得意とする分野における知識やスキルに大きな期待が寄せられることによって、自分たちが価値ある力をもっていると自覚することができ、自信をもってその知識や技能を活用することができます。

　また、一人あるいは担任だけで行う「自己完結型」の学びと異なり、チームでの取り組みを通してメンバーに影響を与えることで、自分の保育を振り返る「相乗効果」の学びを体験できます。チームにおける自分の役割を果たし、チーム全体が評価を受けるだけでなく、自分の役割についてメンバーから評価を受け、さらにメンバーに影響を与えていることを知り、チームへの貢献度を含め、満足度は高まります。

　チームでの満足度を高めるためには、メンバー間のコミュニケーションの量と、メンバーを互いに尊重できる姿勢を意識する必要があります。

■図表1-14　チームの満足度と個人の満足度

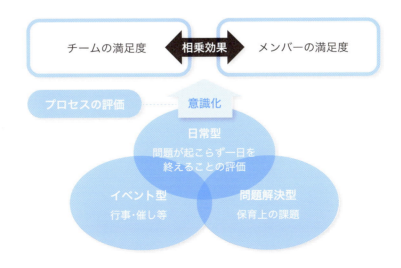

4 学習の質の向上

マンネリからの脱却

　保育は日々変化に富む活動ですが、毎日の繰り返しとなると、マンネリ化しやすく、思考が硬直化しやすくなります。このようなパターン化する状況では新しい発想が生まれにくく、プラスアルファの力が生み出されにくくなります。日常的な保育であるからこそ、チームでの対応が期待されるのです。チームの効果としては、メンバーの学びを挙げることができます。

　担任だけではマンネリでパターン化しやすい保育をチームで考えることは、メンバーの気づきを促す効果があります。目標達成に向けてメンバー全員で議論し、努力し続けるチームでの仕事は、常に変化の連続であり、想像力や発想力にも多くの刺激を与えます。

　学習は教育とは異なります。学習は自らが問いを見つけ、問いを解決するために必要な情報を集め、解決方法を探索する主体的な活動です。一方、教育は教える・教えられる関係に陥りやすく、後者は受け身になりやすいと考えられます。主体的な学習では、メンバー間で教える・教えられる関係が生じますが、メンバーは学び合うという対等な活動が繰り広げられます(図表1-15)。

■ 図表1-15　教育と学習の違い

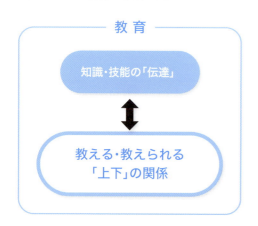

主体的な学習は強制力が弱く、メンバーの学びへの動機づけと学びの取り入れは、メンバー側に選択権があり、学習力が高まることが期待できます。

課題や問題への対応力を高める

　保育者一人で仕事を行う場合、さまざまな課題に対してそれぞれのパターンや思考となる方法を用いる癖や習慣があります。それは、作業を効率的に進める上で重要な能力の一つとして評価されるスキルです。一方で、これまでと条件が異なる課題や問題が発生すると、対応力が弱まる可能性があります。試行錯誤や探索する力が弱いため、これまでと同じ解決方法で対処しようとし、対処できない場合は危機に直面します。

　チームはメンバーの経験もさまざまで、課題や問題への対処力も多様です。経験に基づく知識、技能、価値観は、メンバー間でさらなる刺激を産み、触発が起こります。メンバーの意見を聞くことで、新たな知識と技能だけでなく、これまでとは異なる価値観が獲得されることも期待されます。

　チームであれば、個人が通常行っているアプローチ方法を試すことができ、新たな解決方法を出し合うことで、メンバー内の知識とスキルが融合し、課題に対するアプローチ方法が飛躍的に増加します。

　近年は、特定の疾患や障害、アレルギーなど、保護者を交えたチームによる対応が盛んです。家庭での子どもの様子は、保育を考える上で不可欠です。保護者の保育への期待を参考にしながら、保育を修正することもあります。保護者と保育者が教え・教えられる関係と同時に、ともに学び合う関係になることで、双方の子ども理解を深めることにつながります。

　チームが一体となって情報を共有しながら課題に向き合うことで、さまざまな変化に迅速かつ柔軟に対応できるようになります。日々変化し続けている保育において、変化への対応力は欠かせないものです。保育の社会的価値を高めるためにも意識的に伸ばす必要があり、チームワークの向上を通じて、変化への対応力を向上させることができるのは大きなメリットといえます。

第2章

チーム力を高める PDCAと意識改革

日々の保育の目標設定から
実践・振り返り・改善のPDCAサイクルを回し、
職員の意識改革を行うことでチーム力を高めます。

1 保育の目的を共有しよう

1 保育の目的とは？

全員がチームの意識を高める

　チームスポーツの目標は、第一に相手チームに勝ることです。目標に向かうことで、第二の目的である個々のチームメンバーの力量の高まりやメンバー間の連帯が達成されます。

　では、保育の目的とは何でしょうか？　目的の第一は、乳幼児期の子どもの成長発達を、子ども一人ひとりの力に合わせて保障することです。第二に、第一の目的を達成するために保育所の運営理念を実践し、保護者の理解と協力を得ることです。第三には、第一と第二の活動を通してチームの保育者の力量を高め、連帯を強めることです（図表2-1）。

　保育者が子どもの育ちの連続性を支えるためには、保育者間の連携が欠かせません。一人の子どもの入園から卒園までの育ちを職員全員で支えるのです。そのためには、全員がチームの意識を高めることがチームの目的になります。

■図表2-1　保育の目的

子どもの成長発達の保証
+
運営理念の実践
▼
保護者の理解と協力
=
保育者の力量・連携の向上

2 目的の共有と実践

子どもの成長発達を保障する

　保育所を利用する子どもは、長い場合は0歳から6歳までの6年間通うことになります。4年間、5年間の子どももいれば、短期間利用する子どももいます。いずれも、乳幼児期の大切な時期を保育所で過ごします。

　近年では、人間は生涯発達し、どの発達段階にも課題があると考えられるようになりました。その中でも、誕生からの乳幼児期は、心と体の基盤を作る重要な発達段階です。

　保育者は1か月、3か月、6か月、1年を通した子どもの育ちを、保育の積み重ねとともに連続性の中で見る責任があります。一人の子どもが入園してから卒園するまでの間、いったい何人の保育者がかかわるでしょうか？　直接的には担任、担当保育者です。間接的には、子どもの様子を知っている職員全員となります。アレルギーを克服した子どもを例に挙げると、調理員、栄養士、各担任、保護者それぞれが克服・対処法を考え、子どもの育ちを支えた経過があります。

　課題をもつ子どもの育ちを連続的に捉えるためには、子どもにかかわった職員の経過を理解し、継承していかなければなりません。

　子どもの育ちの連続性は、小学校との「接続期」に意識されることが多いのではないでしょうか？　「接続期」とは、保育所の最終年度から小学校入学の初年度だけを指すのではありません。保育所で過ごした期間の成長と育ちを連続的に捉え、小学校に引き継がれることで「接続期」の意義が高まるのです。

日々の保育で子どもの育ちを共有する

　保育所の標準保育時間が1日あたり最長11時間となり、保育者の勤務シフトは園によっていく通りものパターンが存在します。これは、1日の保育の中で一人の子ども（そのクラス）にかかわる保育者がたくさんいることを意味します。クラスにかかわる保育者は、チームとなって子どもと保護者の様子を確認・共有し、対

応法の検討をしなければなりません。

　保育者によって、子どもを見る視点、言動の解釈、子どもへのかかわりは異なります。例えば、子どもの様子を一緒に（同時に）見ていれば、客観的な状況は共有しやすいです。しかし、見ていない場合、伝達によって解釈が変わってくるでしょう。気になる子どもの様子を、単に保育者の印象として伝えるのか、事実を踏まえて客観的に伝えるのかによって、子ども理解を共有する程度は変わってくるでしょう。客観性でいえば、保育者として子どもにどのように対応したのか、結果はどうであったのかまで伝えることで、保育場面の子どもの様子が共有できるようになります。

保護者の理解と協力を得る

　保育所は、保育の理念を示したうえで保育を実践し、保護者の理解と協力を得なければなりません。伝える責任者は園長ですが、実践するのは保育者です。保育者は、子どもの様子や保護者が知らせる子どもの成長を踏まえながら、日々の保育の振り返りをします。

　振り返りができるようになるためには、保育者がチームとなって保育の目的と方法を共通理解する必要があります。すべての職員が目的と方法を理解し、それぞれの役割を自覚することでチーム意識が生まれます。

　時には、担任や職員が保護者に保育の目的と方法を説明します。説明役を設ける必要がありますが、誰が説明しても同じ方向性の内容が話されるよう、日頃の意識づけが大切です。

チームを意識した保護者対応

　保育者は、保護者に子どもの様子を伝えます。保護者は、子どもの重要な情報を朝の段階で保育者に伝えます。その際、保護者から聞いた内容を伝達するだけではなく、保護者と子どもの様子、保育者とのやりとりから受けた印象なども伝えます。

　報告を聞いた担任・担当から、質問を受けることもあるでしょう。昼間の出来事

を、夕方対応の保育者が保護者に伝えます。担任から伝え聞いた内容を、保育者の印象も踏まえて保護者に伝えます。保護者の受け止め方を翌朝対応の保育者に伝えるのも大切な役割です（図表2-2）。

　こうした情報伝達は、日々の保育の中で欠かせない「やりとり」です。重要なのは、情報を漏らすことなく正確に伝えることです。ただ伝達するだけではなく、その日その時の保育者間の「子ども像」や「保護者像」が一致できるように伝達したいものです。情報は、無機質で無味です。伝える側と受け取る側が「像（イメージ）」を一致させることで、情報には温かみが生まれ、情緒を含めた共感的なやりとりが保護者と生まれるのです。

保育者の力量と連携の強化

　保育者が自分に与えられた役割を自覚し、行動することで、保育は成り立ちます。役割を担いながら、チーム内の他の保育者の言動から学ぶ機会も多くあります。チームで果たすべき自分の目標が具体的になれば、自分の達成度や課題がみえてきます。課題の克服は、チームの同僚、先輩などに尋ねることで解決できることも多いはずです。

　教える・学ぶ関係がチーム内で自然に生まれると、それぞれの長所がわかるようになり、短所をカバーし合える関係に発展します。あるいは、相手の力が伸びるように短所（課題）を指摘できるのもチームの強みといえるでしょう。

　保育の目標を意識し、日々の取り組みや子どもの育ちを連続的に捉えるためにもチーム力は欠かせません。

■ 図表2-2　情報伝達の流れ

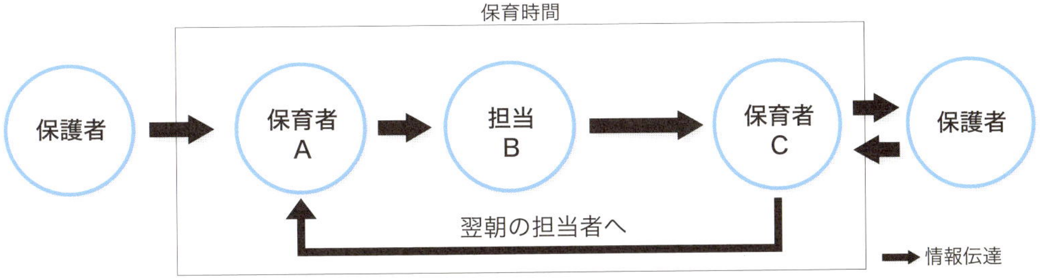

保育時間

保護者 → 保育者A → 担当B → 保育者C ⇄ 保護者

翌朝の担当者へ

→ 情報伝達

3 振り返りと改善

PDCAサイクルの流れ

　PDCAサイクルという名称は、サイクルを構成する4段階の頭文字をつなげたものです(図表2-3)。

■図表2-3　PDCAサイクル

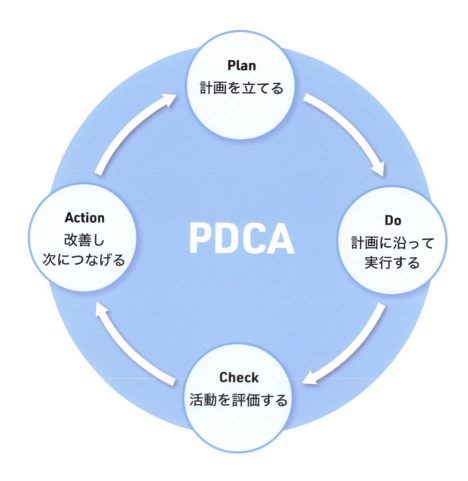

Plan（計画）：従来の保育実績や将来の予測などをもとに、保育計画・業務計画を作成します。目標を達成するまでの期限を決めスケジュールを練ります。保育者と職員の役割を明確にします。

Do（実行）：保育計画・業務計画に沿って保育を実践します。実行するだけでなく、次の評価を意識し活動内容を記録に残します。実行しながら気づいた点、計画どおりに進まなかった点、ミスや想定外の事態について、事実関係を記録に残します。

Check（評価）：保育実践が計画に沿って進められているか、目標が達成できているか（されそうか）を評価します。実践の結果から良かった点（成果）とそうでなかった点（課題）について、客観的に事実を踏まえて分析し、理由や要因などを振り返り検証します。

Action（改善）：保育の実施について評価を受けて、継続的に行う部分と改善点を確認していきます。計画を継続するか、変更するか、中止するかを考慮し、次の計画へと落とし込んでいきます。

この4段階を順次行い、1周したら最後のActionを次のPDCAサイクルにつなげ、螺旋を描くように1周ごとに各段階のレベルを向上（スパイラルアップ、spiral up）させて、継続的に業務を改善します。こうしたPDCAサイクルは、1990年代後半から日本でも使われるようになりました。

計画は多くの業務で構成されますが、計画された内容（業務）を実行するだけでは、改善まで意識されることがありません。いわゆる「やりっぱなし」になります。保育所では年間行事などは早くから計画されますが、毎年同じ内容を踏襲することも少なくありません。これは、実行された後の評価や改善点の確認が共有されていないためだと思われます。

また計画をしてもミスが生じたり、思わぬ事態で計画どおりに進まないこともあります。「なぜミスをしたのか」を検証しないままでは、同じミスが繰り返されかねません。思わぬ事態はなぜ生じたのか。予測できなかったのか、適切な対処や回避する方法はなかったのかなど検証をすることで、失敗に終わらせず学びの機会に転じるのです。

PDCAを失敗しないために

PDCAのサイクルを意識して取り組んでいるつもりでも、「実行したまま（D）で終わってしまう」「評価（C）をしたが、改善（A）につながっていない」ことが起こります。また「評価が不十分だったために、改善も不十分で同じ失敗をする」事態が起こりかねません。計画が抽象的な場合（運動会を成功させよう、音楽会を楽しもうなど）、高すぎる場合（すべての子どもが楽しんで取り組めるようになど）も、評価ができない事態となります。

例をもとに考えてみましょう（図表2-4）。音楽会に向けて、PDCAの取り組みをを成功させるためには、計画（P）は具体的で評価しやすい（クラス全員が参加できるようにしよう、苦手なパート（楽器）に挑戦できるようにしようなど）ゴールを設定し、実行（D）しやすい内容にします。そのゴールを達成するための段階を中（小）ゴールとして、保育者の取り組む内容や役割（一人ひとりの苦手な部分を細分化できるようにする、一人ひとりの長所を捉えてほめるなど）を明確にします（D）。

次に、実行しながら評価の視点（C）を忘れないようにすることです。行事であれば、子どもの様子や保育者の動きなどに意識を向け、記録に残すようにします（苦手な部分が細分化し捉えられているか、長所を伸ばすほめる言葉かけができているかなど）。評価として事実を残すこと（C）で、成果と課題が明らかになり、次の取り組みに具体的に活かす（できる子どもの長所を伸ばすか、かかわりを続ける。できにくい子どもの苦手部分を達成できるように細分化し、ほめるかかわりを続けるなど）（A）ことができます。

日々の保育の中でもクラスの課題、一人ひとりの子どもの課題、気になる子どもの課題など、保育者は常に意識しながら活動をしています。すべてのことを解決するためは困難が伴いますが、担任や学年など、チームとして共有できる取り組みは、PDCAサイクルを導入することで目標や改善点が具体化されます。

具体化されることで、保育場面での保育者の役割が明確になり、それぞれの役割が一つの目標（計画）に向かって連動します。PDCAサイクルを意識した取り組みを試みることで、保育者それぞれの役割の連動性が意識され、目標が達成されることを通してチーム力が高まります。

■ 図表2-4　音楽会に向けた取り組み

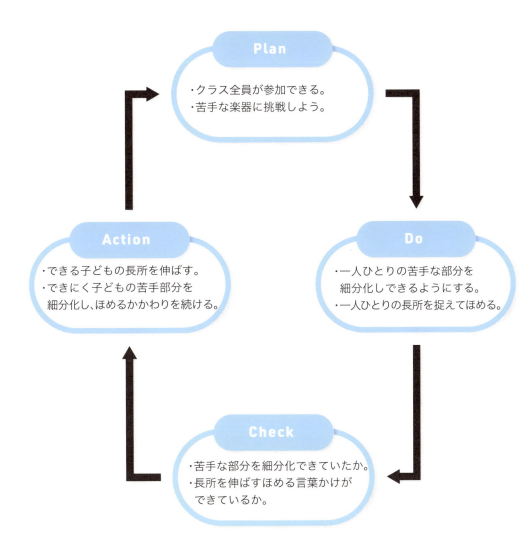

2 保育者の意識改革

１ 保育を通した保育者の関係

愛着関係を安定させる

　保育者は、担当する子どもと日々向き合いながら保育を行います。同時に保育者は、子どもだけでなく、同じクラス、学年、園全体の保育者らとともに保育を行います。

　保育中の子どもは、保育者によって表す態度や行動が異なることがあります。特に愛着行動は、保育者の示す愛着スタイルに影響を受けると考えられています。第１章で示したように、愛着行動とは子どもが不安や危機を感じた時に養育者（日常かかわる大人）との間で気持ち（情緒）を安定させようとする行為です。

例えば、2歳児のA君は、困ったことがあると、B保育者には激しく泣いて接近し接触を求めますが、C保育者にはシクシク泣いてC保育者を呼びます。B保育者とC保育者がいる場面では、困ったことがあるとB保育者に接近しようとします。

　このように、保育者との関係で子どもの示す愛着行動が異なることがあります。B保育者はA君を愛着行動が激しいと解釈しますが、C保育者は我慢する力がついていると解釈しています。

　3歳児のDさんは、E保育者がいる時は、困ったことがあっても自分ひとりで我慢をしている様子で、E保育者は一人で大丈夫な子どもと解釈しています。しかし、F保育者が保育をしている時は、Dちゃんは困ったことがあると、泣いてE保育者に接近し接触を求めようとします。F保育者は、甘えがまだ強く出る子どもだと解釈しています。

　このように、子どもによっては保育者に示す愛着行動が異なることがあり、それぞれの保育者の解釈も異なってきます。

　子どもが保育者によって表す愛着行動が異なることで、保育者の子どもの解釈が異なり、子どもへのかかわり方に違いが出ます。また、子どもと保育者との関係の評価につながります。A君の事例では、C保育者には、B保育者がA君にかまいすぎではいないかといった評価につながるかもしれませんし、B保育者は、C保育者がもう少しA君に寄り添うことはできないかと、それぞれの保育者の子どもへのかかわり方にを評価するようになります。

　Dちゃんの事例でも同様に、E保育者はF保育者がかまいすぎではないかと評価し、F保育者はE保育者が距離を置きすぎではないかと評価することがあります。

愛着行動の示し方

　子どもが示す愛着行動については、愛着行動を示しやすい保育者、示しにくい保育者、距離をとる保育者など様々です。愛着行動は、子どもの愛着の示し方や子どもの特性、保育者の愛着スタイルによっていくとおりもの組み合わせができます。

　子どもが保育場面で示す言動や保育者に示す愛着行動によって、子どもの育

ちの特性を理解すると同時に、保育者と子どもの関係を評価することがありますが、評価によって保育者の関係に影響が出ることは避けなければなりません。

　それぞれの子どものかかわり方を批評するのではなく、子どもの愛着行動の示し方を安定させる方法を考えることを目標に計画を立てます（P）。保育者は、子どもへの愛着の示し方を統一するのではなく、保育者によって愛着の示し方は異なり、愛着行動が異なることについて理解を深めます（D）。そして、別の保育者には異なる愛着の示し方をしていること、子どもが保育者の間で安定することを確認します（C）。確認をしながら、それぞれの愛着スタイルで子どもの愛着行動を受け止めるかかわり方を長所として認め、子どもの愛着行動が安定することを目指します（A）。

　愛着スタイルの違いをお互いに認めようになるには、自分の子どもへのかかわり方や愛着の示し方について思いや考えを自覚し、それをチーム内で開示できるようになることです。チーム内の保育者がそれぞれの考え方や思いを理解することで、自分の子どもとのかかわりを唯一の関係として認識しできるようになり、子どもとの関係で困る場面を支え合う関係に発展させることができるのです（図表2-5）。

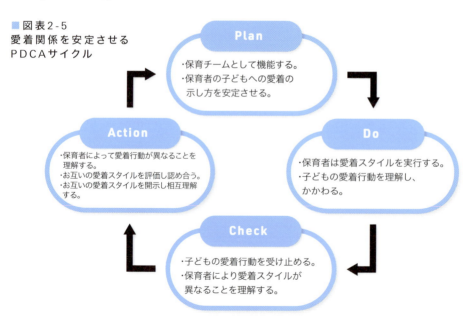

■ 図表2-5
愛着関係を安定させる
ＰＤＣＡサイクル

2 専門職としてのジレンマ

職務への責任感から現れる子どもとの関係性

担任や担当という職務に懸命な保育者は、自分がその子どもの育ちを支える最も相応しい存在であろうとし、相応しい存在だと信じていることでしょう。この意識は、保育者としての責任感、専門職の倫理として必要な資質ともいえます。

職務への強い意識は、子どもとの関係に望ましい影響と望ましくない影響が生じることが考えられます。望ましい影響は、子どもとの個別的かつ良好・良質な関係に現れ、保育者との安定した二者関係に支えられ、子ども同士の良好な関係に発展します。また、クラスを引っ張るリーダーシップが発揮され、子どもたちはのびのびと保育を楽しみ、課題に取り組めるようになります。

一方で、望ましくない影響は、保育者の強い思いによって子どもが保育者の言動に巻き込まれるように保育者の言動や様子を気にする従属的な関係を作り出すことがあります。望ましい影響が出ている場合でも、子どもの変化によって、保育者との関係がうまくいかなくなることは十分に予測されます。

SOSを出せない保育者

職務に懸命な保育者は、子どもとの関係に行き詰まりを感じたり、保育が自分の思うように進められない（進まない）状況で、同僚や上司に支援を求めることが難しい状態、つまりSOSが出せない状況に陥ってしまうことがあります。

職務に忠実であろうとする意識が、うまくいかないことを自分の責任だと思い込み、自分で対応して解決しようとし、解決できないと悪循環に陥ってしまいます。「職務を果たせていない」と評価されたくないなど、自分への強い意識（自己意識）がSOSを出せない状況を作り出すと考えられます。保育者としての資質があるからこそ、頼るべきところで頼ることができなくなるというジレンマを専門職は自覚する必要があります。

困りごとを同僚や上司に相談できたとしても、支援は受けたいけれど、批判さ

れないか（批判されたくない）という思いがあります。助言や支援を受ける際は、一方的に受けたくないという意識が働く場合もあります。頼る場面でも、専門職として他者からの承認を求めたい気持ちが働きます。自分の思いを聞き入れてもらいたいといった欲求が生じることがあります。承認を求める気持ちが強まると、自分は専門職として自覚が足りないのではないかと、自分を責めてしまうことがあるかもしれません。

チームとしての対応

　保育者のジレンマについて、チームとしての対応を考えてみましょう（図表2-6）。目標（計画）は、保育者が支え合いチームとして機能することです（P）。保育者がチームとして機能するためには、支援を受けたいが受けたくないといったジレンマに陥ることを各自が自覚し、なぜジレンマが起きているのかを理解するようにします（D）。その上で、同僚や上司にSOSを出すようにします（D）。次にSOSの出し方、求めた支援を受けることができたか、支えられる体験ができたかを確認します（C）。体験を通して感じる改善点を明らかにし（A）、支え合いが強まるためのチーム目標を立てます（P）。

　SOSの出し方や支援の受け方については、保育者間で確認します（A）。受けた支援を通してSOSの出し方、支援の受け方を改善し課題を明らかにして、ジレンマを抱える保育者をチームで支えるサイクルを考えます。

　チーム内では保育者の支援を受けることへのジレンマを了解し、支え合う意識をもち、保育者の思いや考えを尊重し、求める支援について意見を聞きながらチームで支えることが重要です。

■ 図表2-6　ジレンマを支え、チーム力を高める

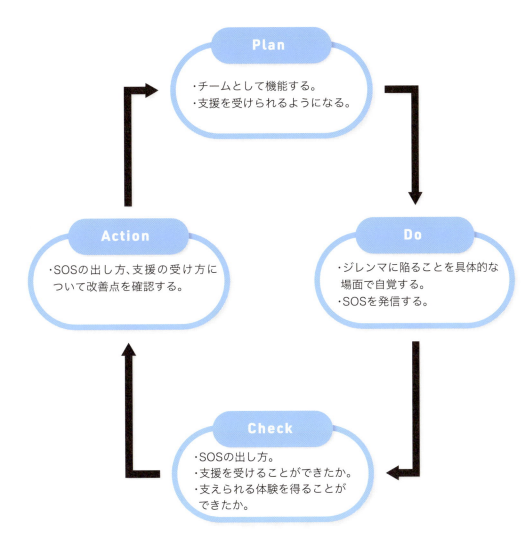

3 「持ち場の担当性」の課題

他の保育者への意見・助言がしにくい雰囲気

　保育は担当や役割が重視されます。クラスの担任、子どもの担当、行事や催しではそれぞれの担当や役割があり、各自の持ち場の責任を果たすことが求められます。しかし、持ち場の責任を重んじると、担当以外の保育者が口を挟みにくい状況を作り出すことがあります。

　いくつかの場面で考えてみましょう。運動会の1歳児の遊戯活動について、担当保育者らがアイデアを出し合っている時に、前年の経験を伝えたいと2歳児担当の保育者が思っていても、誰かに聞かれないと話せない状況が生まれます。日常の保育で子どもに新しいことを体験させようと担当保育者が知恵を出し合っている時に、学年が異なる保育者が自分のアイデアを出すことがはばかられる場合もあるでしょう。

　対応が難しい子どもについて、クラス担任や学年担任が相談している場面で、他の保育者は助言しにくい状況があります。保育場面で担任が困っていても、SOSが出ない限りは支援しにくいこともあります。これは、担当として役割を忠実に果たさなければならない、自分たちのやり方を変えたくないといった自己への意識が強く働き、個々人が保育や子どものことを思う気持ちが出しにくくなるためです。

PDCAサイクルによる、自由に意見が言える関係づくり

　保育者が持ち場の専門性を意識することは大切ですが、子どもの成長発達を第一に考えれば、担当以外の保育者も自由に意見が言える関係づくりは欠かせません。そのためには、チームの意識をどのようにもてばよいのでしょうか。PDCAサイクルで考えてみましょう（図表2-7）。

　チームとしての機能を高める（P）には、持ち場を越えて意見交換できるようになることを目指します（P）。そこで、意見交換できるようになるという目標を達成するために、保育者は「持ち場の専門性意識」が強く働くことを理解し、それぞ

れの立場を尊重します（D）。そして持ち場の異なる保育者に助言を試みます（D）。

　助言や進言には勇気が必要ですが、チームで目標を決めているので、受け入れる準備はできているでしょう（D）。助言した（進言を受けた）保育者は、相手の立場を尊重できたか（尊重されていると感じたか）、助言が受け入れられたと感じた（受け入れることができた）かを確認します（C）。そして、持ち場の専門性を理解するための課題や助言の方法を改善できるように考え（A）、チームとして機能することを目指します（P）。

　尊重し承認する関係が芽生えると、担当以外の保育者の意見は、担当のことを尊重し思いをのせた言葉かけとなり、担当も受け入れることができます。

　チーム保育は、お互いの持ち場の専門性を尊重するからこそ、気づいたことにモノがいえる関係に発展させることができるのです。

■ 図表2-7　持ち場の専門性を理解しチーム力を高める

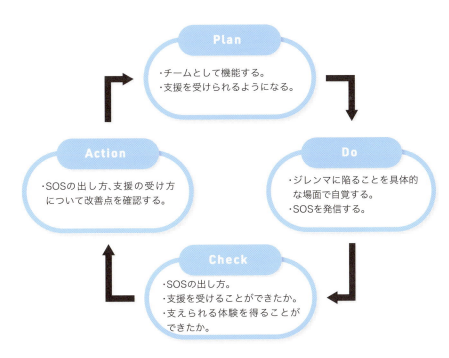

4 チームワークの重要性

　ここであらためて、今日の保育におけるチームワークの重要性について考えてみます。保育現場で起こっている状況を確認し、その状況に対応する方法を認識することが、結果としてチーム力を高めることになります。

長時間保育によるシフト制

　子ども・子育て支援新制度の施行に伴い、保育標準時間が11時間となりました。これまでにも、延長保育を含む保育の長時間化は生じていましたが、制度として長時間対応するために、保育者のシフト体制を整備する必要が出てきました。

　早朝から夕刻まで、一つのクラスに多くの保育者がかかわることになります。園の体制にもよりますが、朝夕の保護者対応の保育者は、日中の保育をほとんど担当しないこともあります。担任が保護者対応できないケースも出てくることになります。

　子どもたちは日中、保育所で長時間過ごすことになり、一日の中で担当の保育者が入れ替わることを体験します。環境に慣れるまでは、親しみをもった保育者がいなくなるなど不安が高まり、愛着行動に影響が出る子どももいます。

子どもの多様性

　近年、保育所を利用する子どもの姿はさまざまです。発達の特性をもつ子どもの利用が増え、家庭での適切とはいえない養育の影響を受けている子どもも増えつつあります。

　発達の特性をもつ子どもは、その特性を園全体で理解し、保育者が役割分担して保育を提供します。特定の保育者を担当とするのか、複数の保育者でクラスの一人として保育を行うのかは、子どもがもつ特性によって対応を考える必要があります。

　適切とはいえない家庭での養育環境の影響を受けている場合、子どもは自律的行

動、愛着行動、生活リズム、保育への参加や取り組み、人間関係などさまざまな気になる行動を現します。そのため、家庭での養育にどの程度期待するのか、助言を行うのか、保護者と家庭を支えようとするのかを保育者間で考える必要があります。

多様化する保護者対応

　保護者による保育への期待が高まる中で、保育者は保護者からのさまざまな要求に対応を迫られます。保育所はすべての要求に応えるのではなく、園の取り組みと家庭に期待することについて補完的な役割を意識しながら対応しなければなりません。保育所は何をどこまでするの（すべき）か、家庭にどこまで期待すべきかを園全体で共有する必要があります。

　配慮が必要な家庭に対しては、個別のニーズを理解しながら、保育所が家庭とともに課題に対応します。時には、課題を解決できるようになるまで、支援をともに行うことがあります。アレルギー、外国籍家庭、発達に課題をもつ子どもの保護者支援、経済的困窮、夫婦間問題（ひとり親家庭）、不適切な養育が疑われる家庭などは、保育所だけでなく、地域の関係機関や専門職と連携をとりながら、支援体制を整える必要があります。

コミュニケーションの活性化

　長時間化、子どもの多様性、多様化する保護者に対応するためには、コミュニケーションの活性化が必須です。そのためには、保育者一人ひとりの思いや考えを出し合える関係性と環境を作る必要があります。

　自分の思いや考えを話すことによって、自分がその考えをもつ理由や背景、保育に対する考え方を見つめることができます。時には考え方の癖や偏りを認識し、保育者としての親との関係、これまでの人間関係や経験が土台になっていることに気づきを得ることもあります。

　コミュニケーションを活性化させるためには、アサーション（自己主張の力）とリスニング（積極的に傾聴する力）を高めることが個人の力として期待されます。同時に、話したいことを言葉にすることが認められる職場環境が重要です。経験の長い保育者や主任、園長は、若手が発言しやすいように問いかけ、積極的に傾聴します。若手が話すことを促し（励まし）、話された内容は消極的でも積極的でも肯定的に受け止めることを心がけます。肯定的に受け止める力は、聴き手の話を傾聴する力、話し手を理解する力、困難な状況に対応する力を高めます(図表2-8)。

■ 図表2-8　チームワークの重要性

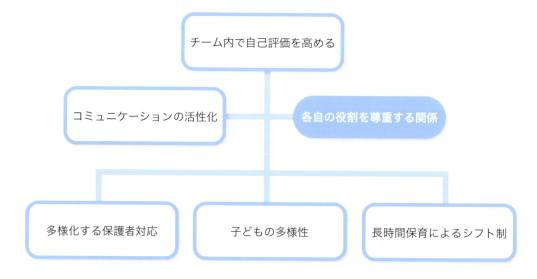

各自の役割を尊重する関係

　コミュニケーションを豊かにするためには、各職員の役割を尊重する意識を高める必要があります。役割を尊重するとは、保育者間の役割や持ち場を尊重すること、職種を越えた専門性を尊重すること、園外の専門機関や専門職の役割を尊重するという3つがあります。

　保育者間では、前述の「専門職としてのジレンマ」「持ち場の専門性」で考えたように、各自が担う役割を尊重し、支援を受けるジレンマを理解したうえで、助言や支援が行える関係を目指します。

　保育現場では、栄養士、調理員、看護師、事務職と、各分野の専門性をもつ職員が働いています。保育を支える専門職として、彼らを尊敬し役割を尊重することで、保育に関する相談ができるようになります。さらに、立場や役割を超える役割を担ってもらえるようにもなります。

　特に子どもの育ちと家庭養育が多様化する現在は、食をめぐる問題、衛生面の課題、困難を抱えた家庭の理解など、多職種で連携する支援が求められる場面が多くなっています。

　関係機関との連携では、医療・保健、療育・発達、福祉などの関係機関と連携しながら子どもと家庭を支えることが増えています。各専門機関には、それぞれの専門性に関する考え方があります。

　関係機関には、保育の実情や保育所が把握している子どもと家庭の状況を理解してもらわなければなりませんが、その前に専門機関が保育の状況や子どもや家庭をどのように認識しているのか理解しなければなりません。相手の立場や考えを尊重したうえで、保育について理解を求めるという順序を把握する必要があります。

チーム内で自己評価を高める

　コミュニケーションを活性化させ、それぞれの役割を尊重する関係作りを意識することで、チーム力を高めるための土台ができます。この取り組みを踏まえて、

チーム内で自己評価を高める方法をPDCAサイクルで考えます(図表2-9)。

　目標は、チーム内で自己評価を高める(P)ことです。日常の保育の現状を自覚し、コミュニケーションを活性化させることを意識し、実行します(D)。そのためにアサーション(自己主張)とリスニングを意識し、肯定的なコミュニケーションをはかどらせます(D)。また「支援を受けるジレンマ」「持ち場の専門性」を意

■ 図表2-9　チーム内で自己評価を高めるPDCAサイクル

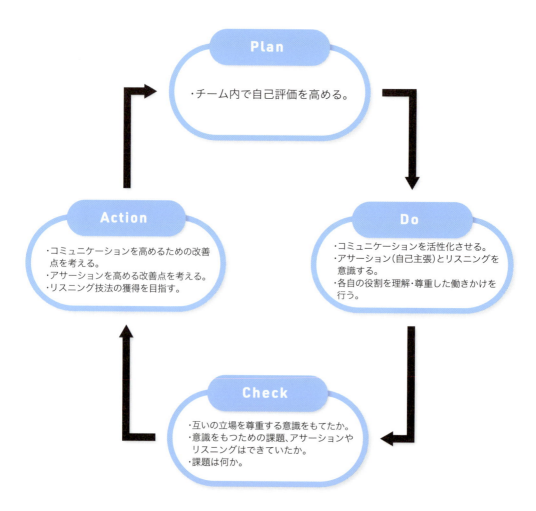

識し、保育者それぞれの役割を理解・尊重した働きかけを行います（D）。

　チーム内で互いの立場を尊重する意識をもてたか、意識をもつための課題、アサーションやリスニングはできていたか、課題は何かについて、評価（C）を行います。

　PDCを通して得た課題を吟味し、チーム内で自己評価を高める次なる目標を立てるための改善点を検討します（A）。コミュニケーション、アサーションといった発信力をさらに高めるためには、どういった改善点があるでしょうか。リスニングを高めるためは技法を学ぶことも大切になるでしょう。Aを検討し、次のPへつなげることを通して、自己評価が高まると考えます。

5 チームワークを高めるための配慮

ネガティブな感情の表出

　保育は子どもを対象とするため、ネガティブ（負）な感情の表出は抑制されます。感情労働ともいわれ、前向きで元気な言動と感情の表出は、保育者の専門性の一つと考えられています。

　チームワークを高めるためには、チームとしてお互いの役割を尊重し、コミュニケーションの活性化を意識し、保育者の感情労働を支えます。感情労働を支えるためには、保育者が人間としてもつネガティブな感情を推察し、保育者間で表出を助けることが必要です。ネガティブな感情の表出を善しとしなければ、感情労働の弊害としてストレスを抱え込んでしまうこともあります。

　前向きで肯定的な発言や感情の表出だけが奨励されると、保育者は自分の課題と向き合えないまま日々をやり過ごすことになります。悩みや怒り、葛藤は、人が成長するために必要な情動の力です。ネガティブな感情を表出し支えられる過程で、問題が別にあることに気づくこともあります。

　子どもに対する怒りは、自分が子どもを受け入れられない悲しみや寂しさが背景にあるかもしれません。保育がうまくいかない怖れは、自分で孤立し職場から見捨てられる不安があるのかもしれません。ネガティブな感情を支えられることで、保育者は日常に意識する感情の根底にある自分の気持ちに意識が進むようになるのです。

感情の表出を助けるかかわり

　日々子どもや保護者と向き合う感情労働では、「なぜ（子ども、保護者から）こんなことをいわれなければならないのか」といった情けなさや怒り、「誰もわかってくれない」といった寂しさや不安、「考えたところで結果は同じだ」「話したところでしんどくなるだけだ」といったあきらめを感じることが少なくないはずです。

　ネガティブな感情の抑制が続くと体調や精神、自律神経などに負担がかかり、健康を害することにつながりかねません。

チームワークを高めるためには、それぞれの職員がかかわるネガティブな感情に意識を向け、自覚しなければなりません。しかし、ネガティブな感情の表出は、慣れていない人は難しく抑制する方向に働きます。周囲のメンバーは保育者の働きや日々直面している困難を理解し、感情の表出を助けるかかわりが必要になります（図表2-10）。

声のかけ方は「大変だね」「苦心しているようですね」といった負の気持ちに寄り添う方法と、「いつもがんばっていますね」「子どもや保護者のための配慮が行き届いていますね」「子どものために全力投球ですね」などプラスの気持ちで寄り添う方法があります。前者も有効ですが、後者のほうが保育者は支えられ力を得ることができたという感覚を体験できるのでネガティブな感情を表出できると考えられます。

■ 図表2-10　プラスの感情から入る声かけ例

【子どもとの対応】
・お疲れさまです
・今日の子どもたちは元気でしたね
・先生も力を存分に発揮されたでしょう
・〇〇ちゃんは、先生に注目してほしい思いが強いようですね

【保護者との対応】
・保護者対応、ご苦労さまです
・保育に対するお母さんの要求が高いですね
・先生に聞いてもらいたい気持ちが強いようですね
・先生も真正面から受け止めようとされていましたね

【園内の連携場面】
・アレルギー対応は気を使いますね
・先生は、一人ひとりの子どものことを考えていますね
・気遣いには相当エネルギーを使われるのではないですか
・調理員さんや栄養士さんとも丁寧にやりとりされていますね

6 他職種を巻き込むコツ

他職種連携とは？

　他職種とは、園内の他の職種と園外の関係機関・職種を指します。巻き込むとは、役割分担や連携を指します。巻き込むコツとは、専門職として無理をお願いする（聞いてもらう）、日常の役割以上の働きをしてもらう（一肌脱いでもらう）ことを意味します。

　連携はそれぞれの役割を遂行することと、役割を超えて課題解決のために専門職としての任務を果たすことによって成り立ちます。PDCAを意識すれば、計画（P）し、実行（D）しながら、活動や役割を評価・検証し（C）、その上で改善点を見出します（A）。Pで確認された役割を遂行しながら、新たに見つかる課題解決のためには、その役割を変更する場合や新たな役割や任務が付加される場合があります。

　高いチーム力を備えている場合は、それぞれが改善点を使命と受け止め、新たな役割を自覚し遂行しようとします。高いとはいえないチームは、従来の役割に固執し、改善点が見えても他職種に期待し、自分は現状維持を貫く傾向があります。

チーム力を高める方法

　次に、他職種と連携しチーム力を高める方法をPDCAサイクルで考えます（図表2-11）。

　目標（P）は、他職種と連携しチーム力を高めることです。そのためには従来の取り組みについて、日頃の役割遂行に感謝の意を表明し（D）、保育が成り立っているのは連携の成果であることを確認します（D）。

　アレルギー対応を例に挙げると、調理員、栄養士、事務職、保護者に連携と役割分担の価値を伝えます。その上で、これまでの実績をもとにした新たな連携を提案します（D）。これまでの成果が共有されたか（C）、新たな連携が受け入れられるか（C）、成果と課題が共有され連携がより円滑にすすむための改善点を確認します（A）。

他職種を巻き込むためには、日常的に双方の任務や役割を評価し尊重する習慣を作ることが大切です。困った時にだけ相談をするのでは、相談される側が距離を置きたくなるかもしれません。困った時だけでなく、うまく対処できた時にも、成果とそれぞれの役割を丁寧に振り返り共有し、連携への感謝を表明します。

　「手柄は相手に」という言葉があります。保育のさまざまな場面でうまく対応し、困難を克服できた場合、成果の一因は保育者のがんばりであることは間違いありません。しかし、一歩身を引いて、対応できた状況を俯瞰的に見ると、保育者を支えていた職種、人物が見えてきます。そういった人々の支えがあって保育者の働きがあることに気づく時、他職種の役割遂行に感謝の意を表明できるのです。

　他職種への感謝と尊重の意識が高まる時、連携は円滑に進み、他職種を巻き込む力が発揮されます。

■ 図表2-11　チーム力を高めるPDCAサイクル

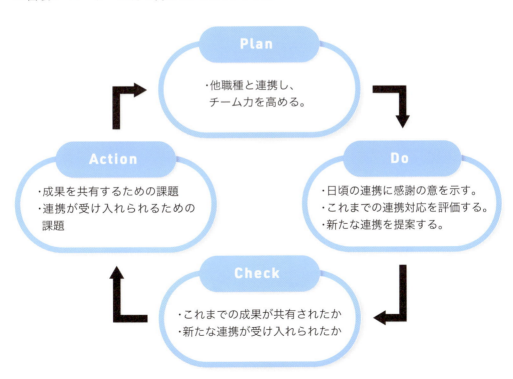

第3章

チーム力を高める研修と研鑽

チーム力を具体的にどのように高めていけばよいのか。
園内研修の工夫と日常の職員同士のコミュニケーション上の
配慮を提案します。

1 個人スキルを磨こう

1 コミュニケーション力を高める

言語的コミュニケーションと非言語的コミュニケーション

　コミュニケーションは、言葉と言葉以外（非言語）の両方から成り立っています。言葉による言語的コミュニケーションは、「お疲れさまでした」「がんばりましたね」といった言葉の意味を指します。一方、非言語的コミュニケーションは、その言葉が発せられる時の表情、声のトーン、仕草などを指します。

　私たちは、言葉の意味と非言語の意味の両方からメッセージを理解しようとしますが、その比率は言語が2〜3割、非言語が7〜8割といわれています。たとえ同じ言葉でも、非言語が異なると言葉の意味が変わります。「お疲れさま」も、労わりの声のトーンや表情なのか、元気づける声のトーンや表情なのかで、まったく雰囲気は異なってくるのです。コミュニケーションをとる際の非言語性の大切さが理解できるでしょう。

コミュニケーションの注意点

相手の言葉を大切にする

　よいコミュニケーションは、相手が語る言葉を大切にします。「子どもが元気で保育も楽しいわ」と話せば、「元気だと楽しいね」と言葉を包みます。「保護者の対応で気を使って疲れがとれないな」と言えば、「保護者対応は気を使うよね」と繰り返します。この場合「本当だね」「大変だよね」といった返し方もありますが、言葉と気持ちのやりとりを進めるためには「相手の語る言葉」を繰り返すことを覚えておきましょう。

うなずく

「うなずき」は'えぇ''はい'などの言葉の返しになります。これは「あなたの話を聞いていますよ」という聞き手の姿勢を伝えるために大切な作法です。また「話し続けてもらっていいですよ」というサインにもなります。うなずいてもらうと、話し手は話がしやすくなります。また、うなずく人を見て話をする習慣もあります。

話をキク

話をキク時には「聞く」「訊く」そして「聴く」という3つの漢字が当てはまります。「訊く」は質問をしながら訊く方法で「訊問」などという使われ方をします。「聞く」は、語る人の事実関係を耳で聞く、そして「聴く」は耳へんに十四の心で聴くといわれています。職場の同僚や子ども、保護者とのコミュニケーションに意味をもたせるためには、語る相手の気持ちを大切に聴く、つまり共感的に聴くことが大切になります。

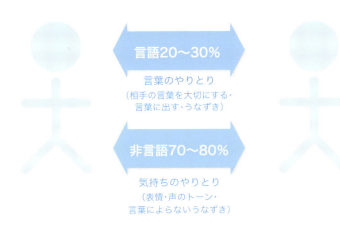

2 コミュニケーションの技法

　コミュニケーションをはかどらせるためには、いくつかの技法を意識するとよいでしょう。

態度や姿勢

　相手に顔と身体を向けます。緊張やストレスが高い真正面よりも90度程度の位置であったり、少し横にずらす位置が、相手にストレスをかけないでしょう(図表3-1)。

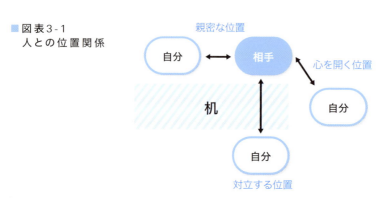

図表3-1 人との位置関係

傾聴の技法

　『視線の合わせ方』…相手の目もしくは鼻のあたりを見ると、見られるほうも緊張せずに話ができるでしょう。

　『話すことを励ます』…話すことを励ますためには「うなずき」や「繰り返し」がよいでしょう。

　『共感する』…表情や話の内容から、話し手の気持ちを想像し、言葉に出します。「悔しいね」「悲しいね」「気持ちよかったでしょう」「ホッとするね」などです。「楽しさ」「悲しみ」「恐さ」「怒り」という4つの感情を表す言葉を知っておくと、相手の気持ちに沿った言葉を返すことができます。

　『質問法』…話を広げたり具体的にする場合は「詳しく教えて？」「どういうこと？」「というと？」と質問すると、情報が集まり、相手の状況が具体的に理解で

きるようになるでしょう。また話を整理したり情報を確認する時には「○○ですね」と、相手が「はい」か「いいえ」、または一語か二語程度で返答できる質問をするとよいです。質問には、情報を集めるための質問と情報を整理したりまとめるための質問があることを理解し、2つを組み合わせることで話が進みやすくなることを覚えておくとよいでしょう。

　傾聴の技法は積極的傾聴技法（Active Listening）といわれ、話し手の話を聴き、理解していることを伝えるための技法と考えられています。私たちは人の話を一生懸命聴こうとしますが、聴いて理解していることを相手に伝えることで、話し手は安心し、落ち着いて話を進めることができるのです。聴いていることを伝えることは、話し手の聴き手の相互理解と信頼を深めるためにも役立ちます。
　コミュニケーションは、相手の気持ちを重んじて情緒的交流を図りながら進めていくものです。情報の収集や確認を行う時にも、相手の気持ちを想像しながら丁寧なコミュニケーションを心がけることで信頼関係が深まることを心にとめておきたいものです（図表3-2）。

■図表3-2　傾聴の技法を用いたコミュニケーション（例）

話し手	聴き手	
子どもが部屋で走り回るので、大変だったの	走り回ったとは？どんな感じだったの？	話すことをはげます：質問法
朝から機嫌が悪くて、私も注意することが多くなって。自分が嫌になって	注意が多くなると嫌になるね	話すことをはげます：共感する
わざと嫌がることをやるから、私もカチンときてね	カチンとくるよね嫌な気持ちになるね	共感する

3 ストレングスの視点

子どもと保護者への視点

　ストレングス（Strength）とは、「長所」や「強み」を意味します（強い＝Strongの名詞）。ストレングスは「長所や強みをもつ人」を指すこともできますが、「人のもつ「長所」や「強み」を見ること」という支援の視点を意味します。

　支援が必要な子どもや保護者のことを考える時、保育者は自然と「気になること」「改善したいところ」「問題点」といった「短所」に意識が偏ります。これは、問題を早めに解決しなければならないという保育者の宿命ともいえます。しかし、短所を見つけるばかりでは、子どもや保護者の弱みとばかり向き合うことになり、解決は保育者の役割になりがちです。

　ストレングスは、チーム対応の対象となる子どもや保護者の長所や強みを発見し、「できない人ではなく、できる人」という考えをもって、子どもや保護者が積極的に解決できるように働きかけようとするものです。子どもや保護者の長所や強みを発見しようとする意識は、保育者の表情や声のトーンなどにプラスの影響をおよぼします。長所や強みを発見することは「気になる」「心配」といったネガティブなかかわりから、「褒める」「認める」といったかかわりに変化を起こします。

　問題点を探していた保育者の状態は、気難しい表情で声は低いトーンでこもりがちになります。しかし、長所や強みを発見できれば保育者の表情は明るくなり、声のトーンにも張りが出るかもしれません。

　ストレングスを見つけようとする・発見しようとする行為は、支援の対象となる子どもや保護者とのコミュニケーションをプラスに導く手段といえるでしょう。

　それでは、次の場面でストレングスを発見してみましょう。

　母親が子どもの手を引き、子どもも母親の手を握っています。疲れた様子で登園しています。子どもは母親に手を引かれながら徒歩で登園し、カバンを持ってきています。この親子のストレングスをいくつ見つけることができるでしょう。ストレングスの視点をもつことで、親子を迎える保育者の表情は和らぎ「がんばって登園されたのですね」と温かいねぎらいの言葉をかけることができます。

チームにおける視点

　チーム内で同僚の長所や強みに気づき意識することで、コミュニケーションが豊かになります。コミュニケーションを豊かにすることは、表情や声のトーンが明るくなることであり、対話が弾み、課題の共有とともに役割分担が進むようになることです。

　短所や弱みを見ようとすると、その人と積極的なコミュニケーションをとろうとしなくなるのではないでしょうか。マイナスの評価をする人には、保育者が意図していなくても、回避的な態度をとっているか、対決的なコミュニケーションをとることになりかねません。

　ストレングスは、外からは比較的見つけやすい人と見つけにくい人がいます。保育のチーム内に目を向けると、コミュニケーションがとりやすい人（職員）と、

少し緊張する人、気になる人が見え隠れします。気になる人には、問題点ばかりが目に入るようになります。問題点や気になる点は、ウイークネス（短所、弱み）視点です。保育者は、ウイークネス視点に陥っている時こそ、ストレングスの視点を意識する必要があります。

　ストレングス視点は、ウイークネス視点に陥っている自覚から生まれるともいえます。ストレングス視点は、言葉で表現することで、ウイークネスに陥るチーム内のメンバーへの意識を転換させることもできます。

　また、ストレングス視点はチーム内でメンバーと適度な距離をとるために役立ちます。マイナス（ウイークネス）に目が向き始めると、マイナス点が気になり、その意識にとらわれて相手との心理的な距離が縮まります。距離が近いと、感情的な衝突が起こりかねません。あるいは、コミュニケーションの回避が続くことになり、チーム力が弱まる恐れもあります。

　この時にストレングス視点を意識し、プラスを見ることによってとらわれの意識から解放され、距離は適度に広がり、コミュニケーションが高まることが期待できるのです。

　それでは、次の場面でストレングスを発見してみましょう。

例えば、保育者が保護者に理解をしてもらおうと一生懸命話している、保護者も保育者の話を聴こうとしている、保護者は自分の感情を偽らずに出している、子どもの帰りの準備ができている、などが挙げられるでしょう。

　チームとしてストレングスを発見することは、保育者の働きを労い支えるために必要です。また、親子のストレングスを保育者に指摘することによって、保育者の親子を見る視点をプラスに転じていけるのです。

　ストレングスは客観的な事実（エビデンス）に基づきますが、主観的な解釈を伴います。話を聴こうとしない保護者に、自分の話を聴いてもらおうと保護者に無理強いをしていると解釈するか、話を聴こうとしない保護者に一生懸命話していると解釈するか。保護者に熱意をもって話をしている事実と、それに対する解釈によって、ストレングスの視点は生まれます。

　ストレングスの視点は、子ども、保育者、保育場面、職員集団などさまざまな状況で「強み」と「長所」を見つけることで、コミュニケーションをはかどらせるための手段の一つです。

4 アサーション力を高める

自分も相手も大切にする技法

アサーション（Assertion）は、コミュニケーション・スキルの一つで、「人は誰でも自分の意思や要求を表明する権利がある」という立場に基づく適切な自己主張を意味します。平木（1993）は、アサーションを「爽やかな自己主張」と呼んでいます。

"爽やか"とは、自己主張することによって相手の気持ちを害さない、むしろ相手と気持ちよく話し合いや交渉ができるようになることを意味しています。つまり、自分も相手も大切にして、主張はしっかりと行うものの、相手を傷つけない「円滑さ」「爽やかさ」に焦点を合わせたコミュニケーション方法です。

そのためには、相手が理解できるように、自分の意見をわかりやすくはっきりと伝えることです。伝えるだけでなく、相手の意見を受け止めて理解を示しながら、自分の思いや考えを最後まで伝え、相手との妥協点（調整点）を探ろうとします。大切なのは、相手の気持ちをしっかりと考えながら、自分の気持ちや考え、信じることをその場の雰囲気を考えながら表現することです。

自己主張の3つのパターン

自己主張のパターンは、図表3-3のように、①アグレッシブ、②ノン・アサーティブ、③アサーティブの3つに分けられます。

最近では、企業や学校などさまざまな場面でアサーション・トレーニングが行われており、トレーニングを通じてお互いを尊重しながら、率直に自己表現できるようになることを目指しています。

■ 図表3-3　自己主張のパターン

①アグレッシブ：攻撃タイプ

・思ったことをズバズバいう。声を張り上げる。
・発言や主張に、相手に対する悪意や攻撃性が感じられる。
・勝つ（押し通す）か負ける（発言を止める）かで物事を決め、常に優
　位に立とうとする。

②ノン・アサーティブ

・自身の意見を押し殺し、他者に合わせる。
・主張が苦手、控えめで発言が曖昧。
・物静かな印象や性格、傾向。

③アサーティブ

・自分の気持ちを率直に伝え、相手の発言を受け止める。
・場の空気を重んじる。
・適宜表現を選択できる（合わせるところは相手に合わせる）。

アサーションのタイプを知るトレーニング

＜園外保育の危険回避について話し合う場面＞

① アグレッシブ

　「外出時の子どもの安全管理ができず、不安が多い」

② ノン・アサーティブ

　「とくにありません」「わかりません」

③ アサーティブ

　「私は、危険個所を確認し、園内でシミュレーションや話し合いを繰り返すと
　よいと思います」

＜子どもの気になる行動について親対応を話し合う場面＞

① アグレシッブ

　「子どもの行動を親に伝えて何とかしてもらえないのですか！」

② ノン・アサーティブ

　「親はどうするかわかりません」「（意見を言うのは）難しいです」

③ アサーティブ

「私は、困った場面と保育者の対応を具体的に書き出して整理することから始めればよいと思います」

アサーティブを意識するには、主語を発信者（私）にします。主語を受信者本人（チームのメンバー、チーム全体）ではなく、受信者に対する発信者の思いを伝えることができるようになります。受信者は主語が明確なためメッセージを受け入れやすく、行動の変化を促すきっかけとなります。

チームの和を乱さないために、自分の意見を発しない

チームの目標を達成するためには、チーム全員の協力が不可欠です。自分が意見を述べる、発言する、正しいと思う考えを主張すること（アサーション）がチームの和を乱すのではないかと、意識的に発言を控える勘違い（ノン・アサーティブ）は避けなければなりません。

自分の意見がチームに否定的にとられないかと不安に感じることがあるかもしれません。しかしその不安は、チームの仲間を信頼できていないことで生じているかもしれないのです。発言を控えてその場をやり過ごそうとする（ノン・アサーティブ）時には、チームの仲間を信頼しているのか、自身を省みる必要があります。

話し合いでの活用

チームをより良いものにしていきたいという思いをもったメンバーは、異なる意見に対して素直に耳を傾け、その内容を前向きな検討材料として受け入れられるはずです。

メンバーからより多くの意見が出るように、メンバーはお互いに自分の積極的な発言（アサーション）がチームに良い影響を与えるはずだというイメージをもち、

仲間を信頼することです。また少数派の意見や考えは、チームが気づいていない点に目を向けさせ、視点を変えるというプラスの効果を生みます。少数派が発言することで、子どもの行動に気づき、その行動の理解が深まるでしょう。園の行事が行われる時の話し合いでは確認していなかった危険性が予測できるなど、多くの効果をもたらします。

　メンバーはチーム全員を信頼し、発言しやすい受容的な雰囲気を作ります。受容的な雰囲気とは、一人の発言を丁寧に聴く姿勢であり、発言を確認する態度であり、発言を肯定的に受け止めようとする思いによって醸し出されるものです。一人の意見が多数の意見と異なる時には、「困ったものだ」と違いを否定的に捉えず、異なる点を隠さずオープンにします。異なる点をオープンにすることで、違いを積極的に捉え、さまざまな意見を出しやすくなります。発言によって議論がストップする場合は、メンバーが少し前の段階の話題に戻して議論を再開させるようにします。

　急ぎの要件でない限り結論を出すことにあせらず、全員が発言するように促し、意見を受け止めます。結論を急ぐ場合はチームが最終判断をしなければなりませんが、さまざまな意見が出されることを肯定的にフィードバックする（意見が出るのは皆がチームや保育のことを真剣に考えているからです、というようになど）ことを心がけなければなりません。アサーションを意識した発言をすることで、チームへの参加意識が高まります。

5 コンピテンシーを高める

すぐれた効果に結びつく行動特性

コンピテンシーとは、「職務や役割における効果的ないしはすぐれた行動に結果的に結びつく行動特性」を指します。保育においても、チームワークに取り組む姿勢や積極性など、その成果に至るには行動の特性があるのです。

成果を出す理由に当たる「行動特性」は「能力」と「行動」に分けることができます。コンピテンシーは「能力」だけを指すものではありません。「能力」を「職務を遂行するという能力」と捉え、「動機づけ」に支えられた行動として形となって現れるものを指します。「能力」や「動機づけ」は、潜在的に影に潜んでいるのでは意味がありません。行動特性とは「思考」と「行動」が一体となって表れる特性です。職務に向かう「動機づけ」は「思考」「信念（自分が信じる考え）」「価値観」などから影響を受けます(図表3-4)。

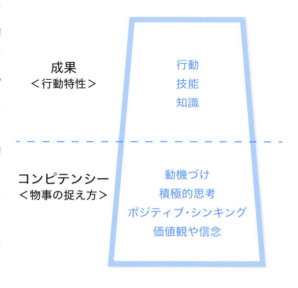

■図表3-4　コンピテンシーの要素

非認知的能力とコンピテンシー

コンピテンシーは「非認知的能力」とも関係が深いと筆者は考えています。「非認知的能力」とは①目標に向かってがんばる力、②仲間との協力、③感情のコントロールの3つです。この3つは、職務だけでなく、人生で直面するさまざまな課題（ライフタスク）に取り組む際に重要な力となると考えられています。

① 目標に向かってがんばる力

目標を自分の達成できそうなところに具体的に決めることができ、達成するための計画がある程度できることです。計画しても変更を余儀なくされたり、想定外の事態に遭遇した場合には、目標を修正しつつも達成しようとする修正力が不可欠です。また、失敗を恐れないで挑戦する力も必要です。

失敗を恐れない力は、失敗を跳ね返した経験によって育まれ、その経験は人に支えられ励まされた体験によって支えられています。人との結びつきに価値を置くことができるからこそ、目標に向かう行動を示すことできると考えます。

② 仲間との協力

仲間を信じるという信念に基づきます。信じるためには、仲間に助けられた体験や助けた体験が必要です。友人が苦しんでいる時に力になり克服した体験や、自分が困難を抱えている時に身近な人物に支えられ乗り越えた体験が、人を信じる力となり、仲間と協力する行動として表れると考えられます。

③ 感情のコントロール

職務を成し遂げようとするには、自分一人の思いや考えで物事を進めるのではなく、仲間やチームメンバーと考えや意見の調整が必要になります。自分の意見を伝え（アサーション）、相手の考えを聴き（リスニング）、コミュニケーションを図ります。

意見の違いが生じたり想定外の困難に直面すると、腹立たしさや不安、悲しさといったマイナス感情に揺さぶられます。マイナスの感情を否定したり抑圧するのではなく、仲間と感情を共有したり、なぜ自分がその感情に揺さぶられるのか内省をしながら感情をコントロールすることが、行動を安定させることにつながります。

6 ポジティブ・シンキング

　ここから、コンピテンシーを高めるために必要と考えられる2つのマネジメントを紹介します。

見方を変えることで意味を変換させる

　ポジティブ・シンキングとは、否定的に捉える人の行動を積極的な捉え方に変換することです。出来事や物事について今とは違った見方をすることで、それらの意味を変換させて気分や感情を変えます。

　例えば、自分の好きな飲料がペットボトルに半分残っている状況を考えてみましょう。この状況では「もう半分しか残っていない」と感じるか「まだ半分も残っている」と感じるか、人間の感じ方は大きく2つに分かれます。事実の捉え方が違うことによって、感情や行動も変化します。

　保育の場面で考えると「大きな声を出して友だちと遊んでいる子ども」を「落ち着きがない」「がさつ」と解釈するか、「元気でのびのび」と解釈するかで、保育者のかかわり方が変化するでしょう。ポジティブに捉えるほうが、子どもへのかかわり方が積極的になるのではないでしょうか。

　「子ども同士が言い争いをしている」場面では、「けんかをしている」「エゴを通そうとしている」とネガティブな解釈が考えられますが、反対に「お互いに譲らずに自己主張できている」「わかってもらいたい思いが強い」というポジティブな解釈も考えられます。

考え方や物事の見方が広がる

　私たちが生活や業務で使う言葉の中には、対象となる人物、その人物の仕事に対する姿勢、コミュニケーション・スタイルなどについて、評価や解釈で色づけした言葉を用います。この解釈による言葉がひとり歩きを始めると、それが事実として捉えられるようになります。

例えば、図表3-5にある「あきらめるのが早い」という解釈だけがひとり歩きすると、彼女の行動特性（の印象）が決定づけられることになります。このように、会話の中で色づけされた言葉（話し手の解釈）が他者に受け止められることで、人の行動特性が規定されているのです。

■図表3-5　コンピテンシーを高めるためのポジティブ・シンキング

彼は'決断ができない'	➡	'情報を得ようとする'
彼女は'あきらめるのが早い'	➡	'決断が早い'
彼は'（余裕なく）バタバタしている'	➡	'一生懸命だ'
彼女は'自信がもてないようだ'	➡	'謙虚だ'
彼は'怒りっぽい（すぐ怒る）'	➡	'感情に素直だ'
彼女は'言葉が少ない'	➡	'聴き上手だ'
彼は'相談せず決める'	➡	'責任感が強い'
彼女は'人の意見を聞かない'	➡	'自信がある'
彼は'事務作業が遅い'	➡	'ミスをしないように慎重だ'
彼女は'優先順位が付けられない'	➡	'慎重だ'
彼は'何でも質問する'	➡	'わからないことをそのままにしない'

ポジティブ・シンキングは、評価や解釈を肯定的・多面的に理解しようとする認識力をいいます。発信者の解釈（ネガティブ）を別の角度からポジティブに変換することを意識し、それによってチーム内で多様な考え方や物事の見方が広がることを目指します。

7 コンフリクト・マネジメント

葛藤を調整する

　職務をやり遂げようとする際に生じる葛藤（コンフリクト）を調整する（マネジメント）ことをコンフリクト・マネジメントといいます。チーム力を高めるためには、チーム内で生じる意見の対立や人間関係上の葛藤を調整する必要があり、その方法がコンフリクト・マネジメントです。

　チームでは、人間関係で葛藤が生じることは必然です。それぞれに価値観や信念、経験に基づいた考えや思いがあるので、それらが一致しないことや対立することは一般的です。葛藤は意見の違い、目指す方向の違い、立場の違いが土台となってコミュニケーション上の意思疎通が円滑に進まない状態を作り出します。意見を言わなくなる、お互いに避ける、一方が強く主張（アグレッシブ）して片方は黙る（ノン・アサーティブ）状態は、アサーションが低下しているともいえるでしょう。

　人間関係で葛藤が生じることは必然ですが、職場の人間関係や対外的関係で葛藤が続くことは、保育の進め方や子どもたちにも望ましくない影響が出かねず、長引かせることを避けたいものです。

ピンチをチャンスに変える

　コンフリクト・マネジメントは、職場やチーム内で起こる葛藤を前向き（積極的）に調整しようとする力であり、役割です。ピンチをチャンスに転換させるための方法ともいえます。そのためには、チーム内外で生じる人間関係の葛藤を肯定的に捉える認識力が必要です。つまり、業務上生じる葛藤は、熱心に取り組むからこそ生じるものであり、望ましいことだと捉えるのです。

　チーム内での意見の対立や不穏な雰囲気はネガティブに感じられる状況ですが、ポジティブな状況だと認識を捉え直すことは、ポジティブ・シンキングによって可能になります。

　チームのメンバーがコンフリクト・マネジメントを行う順序は、以下のとおり

です。

① メンバーの一人が、対立している二者それぞれと個別の関係を作ります。

② メンバーの一人が各々の意見を聴き取り、理解していることを伝えます。

③ メンバーは、それぞれの意見の違いなどを具体的に表し、調整点を探ります。

④ 意見の違いや対立は、職務への熱心な動機として評価します（コンピテンシー評価）。

⑤ 二人の一致点を見つけ出せるように、各々の考えを出してもらい、聞き留めます。

チーム力を問う事例

他園から転入園した男児（3歳）とその両親の事例です。子どもは毎日、お気に入りの戦隊人形と列車のおもちゃを鞄に入れて登園します。おもちゃを出して周囲に見せるため、クラスの友だちとトラブルが繰り返されています。

保護者に「おもちゃの持参は止めてほしい」と伝えると、「子どもを保育所に行かせるために持たせているのに理解がない」と、保育者の理解のなさに責任を転嫁しようとします。

ある日は、園で許可していない私物のキャラクターのおもちゃベルトを付けて登園しました。トラブルやけがの原因になるので、保育者が外して保育をすると、子どもが帰宅後、「子どもが保育者を怖がっている。私たちを不安にさせるのですか」と、保護者から抗議の電話が入りました。

子どもは保育所になじみ始めますが、保育者の後追いが多いです。また、女児と遊ぶ様子が見られますが、やりとりは少なく、合わせている様子です。母親の仕事の都合で、登園時間も安定しません。

担任（担当）、学年、園として役割分担、どのようなチーム対応を心がけますか。他の保育者と話し合って話みましょう。

2 チームスキルを磨こう

1 壁紙ミーティング

壁紙ミーティングとは

　壁紙ミーティングは事務室や職員室の壁を利用して職員間で情報の共有を行う方法です。近年、保育時間が長くなるにつれ、保育者のシフトも複雑になり、全員が顔を合わせる機会が減少しています。壁紙ミーティングは、お互いの考えや思いを共有する機会を作る意味で効果的です。

方法

　園全体で共有することをふせん紙に書いて貼り出します。壁に貼り付けた模造紙を区分けし、「全体への伝達事項（共有事項）」「ヒヤリハット」「その他」等をふせん紙に記し、模造紙に貼り付けます（子どもや保護者の個別の伝達・引き継ぎ事項は連絡ノートを使い、確実に担任・担当に引き継ぐようにします）。

　園庭の汚れ箇所、朝の掃除、整理整頓、園舎内の傷み具合、感染症、子どもの体調管理など、日々の保育を行う上で職員が共有したほうがよいと思う事柄を共有します。会議で取り上げるテーマがあれば合わせて掲示します。ふせん紙に書き出すことで、類似した内容と集合させることができ、ふせん紙が多い項目は優先的な検討事項として会議などで取り上げるようにします。

掲示されたふせん紙の有効期間

　ふせん紙の有効期間は様々です。解決された、会議で取り上げられた、共有さ

れたふせん紙は取り除きます。壁紙に解決済みのコーナーを作り、一定期間集約した後に模造紙から取り除き、1年間ノートなどに保管している園もあります。

継続の工夫

壁紙ミーティングが継続されるためには、職員会議と連動させることが大切です。壁紙のふせん紙をチェックし会議の項目に反映させると、個人の考えや思いが会議に取り上げられることで職員の動機づけが高まります。

壁紙の担当係を決めてふせん紙の内容を確認し、記述した職員から情報を聞き出し補足するなどして、記述の強化を図ります。学年ごとにふせん紙の色分けをすると、ふせん紙の量によって学年の意識が高まることも考えられます。

継続のため、記述する行為を強化するために、職員室でふせん紙を交えた話をし、全体の共有を積極的に図るなど、壁紙ミーティングの活かし方を考える必要があるでしょう。

壁紙ミーティングの例

行事が予定されている月の壁紙ミーティングの一例です(図表3-6)。意見や気づきの項目は、当月の担当者か主任などと一緒に考えます。

■ 図表3-6　壁紙ミーティング(気づきの共有)の例

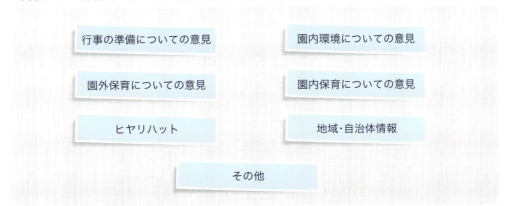

2 ミーティング・会議の工夫

組織の中で会議は不可欠です。一方で、時間が冗長で職員がストレスを感じることも少なくありません。いくつかのルールを確認することで、効率よく会議を進めましょう。

準備

会議を効率よく進めるためには、事前準備が大切です。報告事項と検討事項を分け、事前にテーマを募集します。当日の各項目や資料は、前日までに配布されると職員も心の準備ができ、議論が活発になります。

時間を決め、時間配分を予告する

会議は予め終了の時刻を決めて開始します。終わりがわからないまま会議が進むと、職員はいつまで続くのかと不安になり、議論に集中できません。検討できない項目は次回の会議に回すなど、運営上の工夫も必要です。

役割とルールを確認する

進行係、記録係、タイムキーパーなど、当日の役割をメンバーに告げ、会のルールを確認します。全員が発言すること、発言は簡潔に行うことという2点を確認すれば、進行にも協力しやすくなるでしょう。

役割を分担する

会議では進行係、記録係（ノート、板書）、タイムキーパーと三役を事前に決めておきます。

　進行係…会の全体と時間配分を考えながら司会をします。進行係は発言しない

職員が出ることがないよう、全員の発言を促します。開始に先立ち、発言することで会への参加意識、問題解決への動機づけを高めること、会が円滑に進められることを全体に伝え、協力を依頼します。

記録係…記録係は簡潔な箇条書きの記録を心がけます。発言が長い場合は、短く言い直す（直してもらう）など、要点を押さえた記録になるように心がけます。記録係を繰り返し経験すると、発言や議論の要点をまとめる力がつくようになります。

タイムキーパー…会全体の進行時間を把握し、進行係に助言をします。全体的な進行と時間配分を注視して、進行係の補助的な役割を担います。

役割は輪番制にする

職員は経験の差に関係なく、すべての役割を体験します。進行係を経験することで、次の会から、求められれば発言をするなど、進行に協力的になります。人が育つには経験が必要です。

発言の偏りをなくす

特定の職員ばかりが発言したり、一人の職員の発言が長くなると、他の職員が聴き役になり発言が少なくなります。リーダー職員や主任、園長ばかりが発言し、話が長くなり、他の職員は発言しようとしない会もあると聞きます。発言は簡潔にし、多くの職員に発言の機会が回るように職員が意識し、協力的な雰囲気を作ります。

総括

終了に当たっては、決定事項、次回の検討事項などを確認します。進行係は、会の進行について職員の協力に謝辞を述べ、次回への協力（役割分担の確認など）を述べて終結とします。

3 カンファレンスの工夫

カンファレンスの定型

　ケースカンファレンスを効率的に進めるには定型があります。

①進行係の選任…輪番制にして、全職員が経験します。検討する事例の特性によっては、進行係を選任する方法も考えます。進行係は開始に先立ち、所要時間をメンバーに告げ、能率的な進行について協力を要請します。時間内に結論が出ない場合は、会を打ち切り、再度カンファレンスの日程を協議します。

②記録係の選任…輪番制にして、要約筆記などの記録の経験を積みます。進行係は記録係にも発言を促します。

③メンバーの紹介…初参加のメンバーや他機関・施設から参加がある場合には、開始に先立って自己紹介を依頼します。

④進行係による開始…予定されている時間を告げ、「発表と質疑で〇分、問題の洗い出し〇分、以下問題の検討、緊急性と優先順位、社会資源、方針の決定の合計〇分予定しています」と、進行への協力を要請します。

⑤事例の発表…準備された資料に沿って行います。所要時間の5分の1（30分であれば6分）程度を使います。短時間に要点を説明し、その後の質疑（5分程度）で足りない情報を補足します。進行係は発表者の説明が冗長になるのを避けるために、簡潔な表現を依頼します。

⑥質疑…メンバーから質問を受け付け、発表者に答えてもらいます。質疑は情報を追加する作業として重要です。発表による情報提供は簡潔にし、質疑の時間を作ることで全員が質・量ともに同程度の情報が共有できます。進行係は、質問と回答から職員の保育への関心や熱意などを知る機会になります。不要な後戻りを避けるために、進行係は質疑がこの時点で終了となることを伝えます。

⑦問題の洗い出し…ケースについて問題点を挙げる作業に入ります。メンバーから問題点をランダムに列挙してもらい、記録係が挙げられた点を残さず板書します。板書によって簡潔な表現（概念化）が促され、メンバー全員で情報が共有されます。この時間は全体の5分の1程度を目安とします。

⑧問題の検討…列挙された問題は複数の問題が絡み合っています。問題間の関連を整理し問題群をまとめます。問題点は、本人（子ども、保護者）、人間環境（家族、地域、支援者など）、社会資源（機関、制度など）に分けてもよいでしょう。この時間も全体の5分の1程度を目安とします。

⑨緊急性（優先性）の判断…検討された問題点の緊急性を判断し、優先順位を決めます。現象に現れている問題、放置できない問題、対応可能な問題などを考慮し、順位を検討します。

⑩社会資源の確認…対応の優先順位が決まれば、問題解決に有効な社会資源の検討に入ります。園内（職員、プログラム）の資源、園外（地域、関係機関など）の資源、本人・家族がもつ資源の中で、活用可能な資源を確認します。

⑪処遇方針と分担の決定…現実的な処遇目標を設定し、具体的な対応を決定します。問題の緊急性と優先性を考慮し、即応できる対応について役割分担を含めて確認します。⑨〜⑪で全体の5分の1程度の時間を目安とします。

⑫総括…進行係はカンファレンスの結論を整理・要約し、メンバー全員の確認を求めます。進行係はメンバーに対して、会への参加と進行の協力について謝辞を述べます。

　多くのカンファレンスでは、事例の発表や質疑が終わるといきなり結論を下す人がいたり、すでに方針が決定される段階で質問し議論を後戻りさせる人がいます。話題の拡散や繰り返し、本題からの脱線は、参加者の意欲を低下させます。

　このような状況を避けるために、進行係は⑤〜⑫の進め方をあらかじめ壁に貼るなど、メンバーに周知し協力を求めます（図表3-7）。最初は困難を感じるかもしれませんが、慣れれば能率的であることが理解されるでしょう。

■ 図表3-7　カンファレンスの進め方（当日の掲示例）

●事例の発表 ………………………………… ○分	●緊急性 ………………………………… ○分
●質疑 ………………………………… ○分	●社会資源の確認 ………………………………… ○分
●問題の洗い出し ………………………………… ○分	●処遇方針と分担の決定 ………………… ○分
●問題の検討 ………………………………… ○分	●総括 ………………………………… ○分

4 互見保育（公開保育）

互見保育とは

　互見保育とは、お互いの保育を見ることで子どもの育ち、保育の展開、保育者の役割などを高めるために行われるものです。同じ保育所の職員同士でクラスの垣根を越えて、より効果的な保育の取り組みなどを交流し合い、各自の保育に取り入れ充実させていくために行います。

準備

　保育を見学し学びたいと意欲をもつ保育者は多いでしょう。一方で、自分の保育を見られることに抵抗がある保育者も多いでしょう。「見学したいけれど、見られるのはちょっと…」というのが本音かもしれません。

　このギャップを埋めるためには、いくつかの準備が必要です。

方法

　互見保育は、日常の保育を全職員が見学することを目標にします。あらかじめ職員の勤務形態やシフトに配慮し、互見保育を実施するクラスと、実施期間と時間帯を設定します。職員の勤務時間中に行うのが難しい場合には、職員研修として勤務時間を調整します。

　例：こぐま組（年少3才）　9月1日月曜日〜9月5日金曜日

　　　見学時間帯　11時〜12時と17時〜18時のいずれか1回

　　　（時間帯の設定は保育所やクラスで話し合い設定します。例は、午前遊びから昼食への導入の時間帯、午後遊びからお迎えの時間帯をイメージしています）

見学者の役割

職員は、あらかじめテーマを決めて保育場面を観察します。子どもの様子、保育者の動き（子どもへのかかわり、展開、保育者の連携など）など、具体的な事象を想定します。前述の時間帯であれば、遊びから昼食への展開や切り替え、その際の保育者の子どもへの言葉かけ、流れの作り方、流れに乗りにくい子どもへのかかわり方などです。クラスの保育者は、週の保育計画などを配布しておくとよいでしょう。

見学の心構え

3つの視点をもって見学します。まずは、見学する保育をプラスに評価することを意識します。具体的な場面をメモに書きとめ、保育者や子どもの様子（関係性など）をプラスに評価します。次に、気になる場面をメモに書きとめます。気になった理由、自分の意見をメモします。最後に、互見保育を通して気づいた点、謝辞を記述します。

フィードバック

メモは職員全員で共有します。事務室に模造紙を貼り（壁紙ミーティングの様式）、メモを貼り付けます。スペースがなければノートを作って貼り付けます。見学した他の職員の意見を見ることは、保育者相互の共通理解につながります。

留意点

クラスの保育者に感謝と敬意を払います。見られる側の心理的な負担を想像しながらフィードバックを行わなければ、互見保育は批判の応酬になり発展しません。子どもたちへの配慮は事前に相談します。普段とは異なるクラスの雰囲気に、子どもも戸惑うことがあるでしょう。担任の考えを尊重しながら、配慮事項を確

認しましょう。

互見保育の可能性

　近年は、入所前の保護者の保育所見学が当たり前になっています。ですから、観られることに保育者が慣れることが必要です。慣れるとは、飾ることなくオープンマインドで保育を見てもらうことです。互見保育の意識が高まれば、保育者の自信にもつながります。

第4章

事例から学ぶ
チーム力の効果

実際の保育場面でチームワークを発揮した場面を取り上げ、
その要因と工夫、応用を考えます。

1　調理員と保護者を含めたチームワーク

　調理員が子どものアレルギーについて保護者とつながり、保育者、その他の職員を含めて園全体の取り組みにつながったエピソードです。

チームワークの流れ

```
ヒヤリハット発生  ▶  チームで      ▶  保護者を交えた
                     検証・共有         実践
```

食事ノートを使った保護者との連携

●出来事

　新年度、2歳児で入園したAには小麦と卵のアレルギーがありました。入園時の面接で管理栄養士がアレルギーの内容を保護者と確認し、かかりつけ医の意見書を提出してもらっていました。

　入園して2か月ほど過ぎたある日、園児も新しい環境に慣れ始め、天気の良い日に近くの公園に散歩に出かけました。園を出発してしばらく歩いていると、Aが急に嘔吐しました。体調が悪いことに気づいた保育者は、すぐにAを園に連れ帰り、看護師の手当てを受けました。

　当日、Aの保護者からの連絡帳には体調について気になる内容が記入されていなかったこと、散歩に出かける前のAの様子に変化が見られなかったことを確認しました。しかし、散歩前のおやつ提供時に、除去食のたまごボーロを誤食していることがわかりました。

　その後、看護師が保護者にAの状況を連絡し、園長が謝罪しました。Aの卵アレルギーはそれほど強くなかったため、嘔吐のあとで安静にして経過観察をするうちに、快方に向かいました。ほっと胸を撫でおろしましたが、命を預かる責任の重さを実感した出来事でした。

●検証

　誤食のあった日の午後、園長、主任、担任保育者、調理員が集まり、今回の誤食の問題点や改善策について話し合いました。
　①除去食のたまごボーロに誰も気づかなかったのはなぜか。
　②アレルギー源の食材について理解不足がある。
　③おやつ・給食提供時のマニュアルの確認を改めて行う。
　④職員間で個々のアレルギーについて情報共有する。
　⑤誤食の時の対応を徹底して何度も再確認する。
　⑥職員間で話し合った内容を保護者にも伝える。
　話し合いの内容を保護者に伝え、今後の対策について丁寧に説明しました。保護者は「よかった。家でもアレルギーの除去食について、試行錯誤しながら食事を作っている」ということでした。
　Aの食事量が少なく、好き嫌いが多いことに悩んでいるようなので、これからもお互いに連絡を密にしていくことを確認しました。大事には至らなかったことで、園も保護者もほっとしましたが、アレルギーに対する気持ちのゆるみがあったことを反省しました。

●調理員と保護者のかかわり

　数日後、Aの保護者が連絡帳と同じほどの大きさの「食事ノート」を作成し、調理員のところに持参するようになりました。「家庭での食事内容

を書いてきました」と渡されたノートには、前日の食事内容、Aの体調、摂取量、気づいたことが記入されていました。

「二度と誤食が起きないようにという保護者の願いが込められた食事ノートだ」と感じた調理員は、当日の献立メニューにある除去食について、どのような食材を使って提供したのかをノートに記入し、保護者とやりとりを始めました。

毎日のやりとりの中で、調理員は、保護者が食事ノートに記入している内容をクラスの保育者に伝え、一緒に食事ノートを見て情報を共有するようにしました。

クラスの保育者は、Aの食べる量や好きなメニューを話す機会が増えることで、除去食の再確認、食事量の目安を調理員と日々相談しながら食事の提供を進めることができました。Aが苦手なメニューや食材を、園が調理方法を変えて提供し、Aが食べることができた時は、お迎え時に保育者が保護者に伝えて一緒に喜びました。保護者は翌朝の食事ノートにその喜びを記入し、調理員に伝えることもありました。

●食事ノートの効果と検証

保護者と調理員による食事ノートのやりとりは、Aが3歳児クラスに進級したあとも続きました。食事ノートを通して家庭での食事の様子が調理員に伝わることで、成長に合わせたおやつや給食の提供、献立作成に役立ちました。

調理員は、アレルギーの原因である小麦、卵を使わないメニューを給食に提供し、そのレシピを食事ノートに記入して保護者に伝えるようにしました。こうしたやりとりから、保護者は家庭での献立メニューに工夫を加えるようになっていきました。

卒園まで続いた食事ノートのやりとりは、Aの保護者にとって大切な思い出となったようで、卒園を控えて調理員に感謝の手紙が渡されました。調理員は、普段おやつや給食を食べている様子を巡回することはあっても、保護者と直接つながって子どもの様子を共有できる機会はなかな

かありませんでした。

　Aの保護者が調理員に渡した「食事ノート」がきっかけとなり、やりとりを通してAの成長を一緒に見守ることができたことは、調理員にとっても忘れられない出来事になりました。保護者、調理員、保育者がそれぞれの役割を認識しながら、協力しあってAのアレルギーと向き合って成長を見守ることができ、園と保護者がチームとなって取り組めたと実感しました。

　Aが卒園した後も、調理員は「食事ノート」の活用を考えるようになりました。そこでアレルギーなどの除去食を利用する保護者とつながる方法を担任らと相談し、懇談場面に調理員も参加してもらい、保護者と調理員が直接話し合う機会を設けるようにしました。調理員は「食事ノート」を提案し、メニューや栄養指導（提案）を保護者に提示するようになりました。

　また調理員が参加した懇談では、家庭での「食」の場面が多様化していることが担任と共に理解でき、「食育」の重要性が職員会議で取り上げられるようになりました。調理員はアレルギー対応の子どもだけでなく、全ての子どもの食事の様子を把握しようと、昼食時に保育室を交代で見回るようになりました。調理員と担任は保育における「食」の重要性を認識し、「食育」の提案が会議で積極的に行われるようになりました。保育から昼食につながる「食育」の場面には保護者にも参加してもらい、調理員、保育者、保護者の3者のチーム体制で子どもへの食の意識が高まるようになりました。

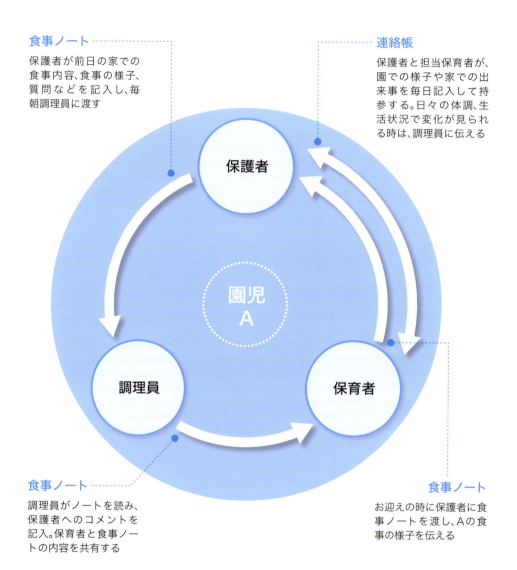

まとめ 対応のポイント

　保護者がチームに参加することで、チーム力が高まった事例を紹介しました。事例で紹介したアレルギー対応だけではなく、子どもの理解を深めるためには、保護者をチームの一員として位置づける必要があります。事例を通したチーム力への学びは、次のとおりです。

チーム意識	子どもの安心、安全を保障するために立場や職種を超えて、お互いがカバーし合おうとする意識を確認する。
情報と目標の共有	保護者、調理員、保育者が子どもの情報を共有し、誤食を防ぎ、アレルギー対応を間違いなく行うという目標を共有する。
役割分担の意識	調理員の除去食調理マニュアルの再確認や、アレルギー食を提供する担当保育者、クラス保育者の対応手順の見直し・確認・実践・振り返りを毎日行う。保護者からの情報を調理員、保育者がフィードバックしながらお互いの役割を理解し、皆で一緒に子育てをしているという意識をもつ。
他の保育者との共有	誤食が起こりそうなヒューマン・エラー（ヒヤリハット）が起きた際は、即座に各クラスリーダー、調理員、主任、園長が集まって状況の詳細を確認し合う。子どもへの対応と保護者への連絡、園としての対応を職員同士が伝えながら、園全体の問題として情報を共有する。そのために、定期的にアレルギー会議を行い、問題点や疑問を話し合い、些細なミスでも保護者の不信を招くこともあるという意識をもち、信頼を回復するためには時間がかかることを認識しておく必要がある。
保護者＝当事者から教わる姿勢	保護者が作成した食事ノートを担任、調理員が一緒になってやりとりを行うことができた。そのことで、保護者も園のチームの一員として、アレルギー対応に向き合っていくことができた。当事者から発信される情報やそこに込められた思いを職員が受け止め、園と保護者の連携を深めることで、結果的に保育の充実につなげることができた。
PDCAの確認	保護者が作成した「食事ノート」をきっかけとして、園全体でアレルギー対応を整理し、チームで実践する重要性を確認できた。

　Aの誤食はあってはならない事故です。しかし、保護者に状況を説明した際に、家庭でもアレルギー食の献立に苦心していること、食事量が少ないこと、好き嫌いが多いことを保護者が担任に話しました。その後、作成された食事ノートを持参するようになったことで、保護者と園が一体となってアレルギー対応に取り組むきっかけとなりました。

P（課題の共有・アプローチ）

Aが除去食のたまごボーロを誤食したが気づかず散歩に出かけたこと
- なぜ誤食したことをクラスの保育者が気づくことができなかったのかについて振り返る。
- 園全体で誤食時の状況を把握し、マニュアルと体制を再確認し、Aの保護者にも内容を伝える。
- Aの保護者から家でもアレルギーの除去食について、試行錯誤されていること、Aの食事量が少ないこと、好き嫌いが多いことを相談される。

D（実践・試み）

- マニュアルに沿って調理員、保育者が連携をとりながらアレルギー対応をする（ダブルチェック確認、声出し、指差し確認等）。
- Aの保護者が「食事ノート」を作成し持参したことをきっかけにやりとりが始まる。

C（評価・課題の整理）

- 職員間でアレルギー対応について、安全に食事を提供しなければいけないという思いが深まった。
- 食事ノートを続けることで、Aの食事量、食事状況が把握でき、成長に合わせたアドバイスができるようになった。

A（改善・実践）

- 調理員が毎日の献立やアレルギー対応メニューのレシピを作成し、保護者が持ち帰って家の献立に役立ててもらえるようにした。
- Aの保護者だけでなく、参観日を利用して試食会を設け、調理員、保育者が食事についての悩みや相談を受けるスペース、時間を作り実践した。

調理員と保護者が直接ノートのやりとりを続けた例は多くないように感じます。調理員は朝は忙しい時間帯のため、Ａの登園時には保護者とゆっくりと話ができません。またお迎えの時間が遅いため、調理員と保護者が直接会って話す機会はなかなか作ることができないなど、調理員と保護者がつながることは現実的に難しいでしょう。

　しかし、クラスの保育者と調理員が連携をとりチームでかかわることで、食事ノートに込められた保護者の思いと、それを汲み取り丁寧に保護者とかかわった調理員の思いが共振し、保護者、調理員、担任がチームとなり、Ａの育ちを食を通して支えることができました。

　保護者が保育の一員となって一緒に園全体で取り組めたこと、保護者、調理員、保育者が職種や立場を超えてＡの成長を共有できたことで、園で提供する食事や食育の意識が高まり、チーム力につながりました。

2 議事録の作成を通したチーム力の向上

　園内会議では、①子どもや保護者について理解・把握すること、②保育方法や行事の確認、③施設長、保育者、調理員、看護師など多職種での共有事項などを、職員全員で周知しておく必要があります。しかし近年、園では正規職員、臨時職員、パート・アルバイトなどさまざまな勤務状況の人が働いています。

　定期的な会議に出席する保育者は正規職員だけだったり、延長保育の職員は出席できないこともあります。限られた時間で保育にかかわる職員は、毎日の保育の流れが把握しにくい状況です。このような状況のなか、会議の議事録の作成方法や周知の仕方を工夫した事例です。

|チームワークの流れ|

議事録と周知の工夫

●課題

　園で行っている会議および協議内容は、下記のようにさまざまです。

①職員会議 （月1回）	園長、主任、リーダー、各係からの報告 園の運営で周知しておく内容
②カリキュラム会議 （月1回）	各年齢、クラスの取り組み目標、カリキュラム内容の振り返り、保育を進めるなかで気になる子、困っていることの検討など
③アレルギー会議 （月1回）	調理員と一緒にアレルギー児の給食の様子、保護者からの家庭での様子を共有、献立の検討、翌月の献立を確認して除去食の確認など
④畑会議 （月1回）	園の畑の生育状況・収穫について、収穫した野菜の皮むき、給食提供、年長児の調理取り組みについての話し合い

加えて、各クラスのリーダー会議、乳児会議、幼児会議、クラス会議、各係の会議があります。会議は子どもたちの午睡中を利用しています。行事後の全員参加の会議は年に数回だけです。

　これらの会議は、「順番なので参加する」⇒「話を聞いて内容を記録する」⇒「クラスに持ち帰って報告する」という機械的な情報提供になっていたため、会議の内容を的確に把握できていない職員がみられました。

●会議の内容の周知

　現在の会議の回数や方法では、職員全員に周知できないことがあります。特に子どもや保護者に関することが周知されていないと、事故やクレームにつながる恐れがあります。会議で話し合ったことや、決まったことを全員に周知するための方法、また会議に参加するだけにならない工夫はどのようにしたらよいのかを話し合いました。

　一つの方法として、会議の記録を持ち回りで行うことで、どのような記録が伝わりやすいかを考えるようにしました。また、記録の仕方として、要点をまとめて箇条書きにする、図や資料を添付するなど、文章だけでなく見てわかるものにするなどの工夫をしました。

　この議事録は常に職員室の決められた場所に置き、園で勤務する全職員が確認できるようにしておきます。

議事録の例 クラスリーダー会議

2019年9月2日月曜日14:00〜15:00

確認したら㊞を押してください

山口	藤山	上山	山元	石田	岸	西	記録者 林	園長確認
㊞	㊞	㊞	㊞		㊞			㊞

話し合いの内容
①10月の運動会に向けて…1号認定児を受け入れて定員が増えた。
　例年のように9時開始12時終了予定で良いのかについて、プログラムの流れを含めて案を出し合う。
②クラスだよりのお知らせ内容を園全体で共有する。

●**工夫した議事録の活用**

　以前の議事録は、話し合われた内容を順に文章で記録する方法でした。しかし、文章だけでは理解が難しく、長文になると読みたくなくなる場合もあります。全員が議事録を担うことによって、職員にわかりやすく伝えるにはどういった工夫が必要かを意識するようになりました。

　また、会議に対する意識のもち方が変わりました。単に報告を受けるのではなく、参加していない職員から、会議の内容について疑問に思ったことや不明な点を報告者にフィードバックする姿もみられるようになりました。保育をチームとして取り組む意識が芽生えてきました。

●**会議の内容を周知することの意味**

　工夫した議事録を利用して会議内容を確認することで、子どもの様子がわかり、保育にゆとりがみられるようになりました。限られた時間で勤務する職員への配慮としても効果がみられていました。議事録を見やすい場所に置いたり、全員が見るように声をかけたり確認をしていきました。

まとめ　対応のポイント

　「議事録作成の工夫」は職員がかかわる作業内容の課題に関する取り組みです。毎日子どもとかかわるとさまざまな出来事がありますが、職員全員が周知して子どもや保護者に対応することが大切です。しかし、書類の整理、雑務などもあり、限られた時間で情報を共有するのは大変です。議事録の作成を工夫すると、一人ひとりの職員に意識の変化がみられ、職員同士の連携、保護者との信頼関係を作る力、集団で取り組む力、振り返りながら内省する力となり、子どもの保育環境の向上につながります。

　連絡ノートや議事録は、記録として残す、職員間で共有する、欠席者に伝えるなどの目的があります。いずれの目的を達成するためには「簡潔さ」「わかりやすさ」に工夫を凝らします。連絡ノートはスペースを限定し、その中に情報を入れるようにします。伝えなければならない項目は何かを意識します。伝える内容をタイトルにして、1行以内で説明します。その後必要な

情報を追加します。議事録は話し合いの内容を項目に細分化して、項目ごとに1行以内の短文で箇条書きにします。記録者は最後に「文責者」として名前を残します。

　箇条書きにすることで本質を抜き出す習慣がつきます。多くが話される中で要点は何か、論点は何かと記録者は話を注意深く聞くようになります。記録を輪番制にすることで、発言する側になっても要点を得た説明をする力がつくようになります。

　連絡ノート、議事録共に園にとって貴重な情報です。期間と場所を決めて保管をします。これは施設としてのアカウンタビリティ（説明責任）として必要です。

P（課題の共有・アプローチ）
- さまざまな会議の内容を周知できていない職員がみられる。
- 全員で会議に全員で参加することができない。
- いつも同じ職員が会議に参加している。

全職員に会議の内容を周知するには？

D（実践）
議事録の作成方法を再確認
- 議事録を各クラス、職員で持ち回りをして記録する。
- 要点をまとめて記録する、箇条書き、図を取り入れる、資料を添付するなど。

C（評価・課題の整理）
- 要点をまとめて記録することで、会議の内容を確認でき、職員も見やすくなった。
- 会議に参加するだけでなく、会議の進行役の一員としての自覚が芽生え、記録を作成することで話し合いの振り返りを伝え合う姿や疑問を伝える職員がみられるようになった。

勤務状況の異なる職員にも、議議録を早く閲覧してもらうには？

A（改善）
- 議事録を見てもらうよう声かけをする。
- 全職員が見やすい場所に置いておく。

3 連絡ノートによる職員間の情報共有

全職員に毎日伝えたいことを周知するために、職員連絡ノートを作成した事例です。

チームワークの流れ

職種・勤務形態の違いによる困難さ ▶ 職員連絡ノートの活用 ▶ 帰属意識の向上

職員連絡ノートの作成

●情報共有の課題

園の運営を円滑にするため、朝早くから夜遅くまでの開園時間に合わせて、職員がシフトで勤務を担うことになります。正規職員、非常勤職員、勤務日(週3日勤務など)、勤務時間(4時間勤務、6時間勤務など)が異なる職員が一緒に働きながら保育を進めています。また調理員、看護師、事務職員など、職種が異なる職員も保育にかかわっています。

そのような状況で、保護者とのやりとりや子どもの様子、園の出来事について、職員間で情報を共有することの難しさが課題となりました。以下、職員にとって必要な情報です。

- 朝夕の延長保育ために短時間勤務している職員に、前日での出来事や子どものけがの様子を伝える。
- 保護者からのクレームなど、対応した職員ができるだけ速やかに園全体の職員に伝える。
- 予定していた行事内容に急な変更があった時、詳細を職員に知らせる。
- 緊急の打ち合わせの予定を知らせる。

これらの情報共有の方法を改善するため、「職員連絡ノート」を作成・活用することになりました。各職員がノートに記入することで、全員に

必要な情報を周知していくことを目的にしました。

●ノートの作成

　図表4-1の連絡ノートは、延長時間時に起こった内容を記入するものです。早朝や夕方に起こった事故や保護者からの連絡などを記入し、より詳しく知りたい時は記入者に確認できるよう、名前を記入するようにしています。

　ノートは職員室で誰もが確認できる場所に設置して、持出厳禁としています。「職員連絡ノート」を作成し、全職員が活用することで、職員が日々の急な出来事や変更などにも共有・対応することができるようになりました。全クラスの保育内容や子どもの情報を確認し、話題にすることで、チームとしての意識をもつようになりました。

●ノートの活用

　職員連絡ノートを活用することで、次のような効果がありました。

- 夕方の延長保育の時間に、子どもがけがをして病院で受診した。子どものけがの状況、職員の対応、病院での処置、保護者への対応状況について、職員連絡ノートに記入。翌日出勤した早出の職員がノートを確認し、登園時にも対応したことで、保護者は安心した様子だった。

■ 図表4-1　職員連絡ノート（例）

○月○日　○曜日

- 昨日夕方5時20分頃、園庭を走って遊んでいた○○ちゃんが、うんていの棒にぶつかり、唇を切りました。すぐに血は止まり、その後元気で遊んでいたので、お迎え時に保護者に様子を伝えました。登園してきたら、子どもの様子を確認し、看護師に見てもらってください。　山田

- 今日からりんご組○○君の登園時間が、お母さんの仕事の都合で7時半頃になります。　山本

- 今日、さくらんぼ組の○○君、夕食希望です。お迎えは夜7時半の予定です。　田中

確認したら印を押してください

谷口	鈴木	井上	高田	石田	岸	西	
印		印		印			

- 実習生の受け入れ期間中、養成校の教員が巡回指導に来園することを記入した。来園時に、どの職員が対応しても適切に案内することができた。
- 『子どもの日のつどい』の配置図を掲示し知らせていたが、前日の予報で気温が高くなることから、集合場所を日陰に変更することと、訂正の配置図を添付して職員に周知した。内容変更の周知が早かったため、職員が連携して対応できた。
- 夕食提供の内容と時間について、保護者から延長保育担当の保育者に質問があった。大まかな内容を保護者に伝えたが、詳しいことは担任からもお願いしたいことをノートに記入。翌日、担任が対応し、保護者への対応が速やかにできた。

まとめ 対応のポイント

　毎日出勤していても、職員同士顔を合わせることがない、挨拶はしても忙しくて話をすることができないことがあります。「職員連絡ノート」を活用することで、日々の出来事を知り、その場に立ち会っていなくても状況の共有ができるようになりました。そのことが保育者間の連携となり、保育の見通しや安心感をもって保育にかかわることにつながりました。また、勤務状況や職種が異なる職員にとっても、チームの一員としての意識づけにつながりました。

　認定こども園に移行したことで、職員の勤務状況だけでなく、子どもの保育時間や保育環境も多様になってきました。子どもの安心、安全な保育、保護者との信頼関係を継続していくために、職員が一緒に取り組もうとするチーム力で新たな工夫が必要になっています。

P（課題の共有・アプローチ）

- 調理員は朝早く出勤し調理作業に忙しいため、周知をする機会がとりにくい。
- 保育者はシフトで勤務をしているため、日々の子どもや保護者への対応状況の流れが把握しにくい。
- 勤務の違い（正職、非常勤、派遣）＝勤務日、勤務時間がバラバラで、職員同士の情報の共有がしにくい。

全職員に毎日伝えたいことを周知するには？

D（実践）

職員連絡ノートの作成
- 出勤後に誰もが見ることができる場所に置く。
- 1日1ページとして作成する。
- その日に実施されること、前日の子どもの出来事で伝えておきたいこと、保護者からの意見など、職員全員に周知したいことを記入する（けがや病院の受診内容、来客の詳細、前もって知らせていた行事内容の変更、係の打ち合わせの確認等）。
- 内容を確認したら、自分の名前欄に捺印する。

C（評価・課題の整理）

- 遅出の職員から早出の職員にノートを通して伝えることで、朝早く登園する子どもや遅く降園する子どもの保護者対応等で、前日の子どもの様子を早出の職員が知っていることで保護者の安心と信頼につながっている。
- シフト勤務や勤務時間の違いにより直接かかわっていない内容についても、職員が知ることができる。園全体で起こっていることを知り、自分も保育に参加しているという意識の向上につながっている。

各自、ノートの確認で終わらず、書かれている内容を受け止め、次の行動につなぎ、保育内容に活かせているか？

A（改善）

- ノートを確認した後は、職員間、クラスで内容が共有できているかどうかを話題にして、保育につなげていく。

4 アレルギー体質の子どもへのチーム対応

　重度のアレルギー体質のある子どもの利用が増えています。子どもの健康と命を守るために、他職種との連携を含めて緊張感をもって対応する必要が高まっています。事例から、他職種とのチームワークによってアレルギー対策が改善されていく過程を考えます。

チームワークの流れ

誤食の発生 ▶ 誤食の原因と課題 ▶ 改善策の協議 ▶ チームワークとしての実践

アレルギー食の認識不足をきっかけに、保護者と連携

●出来事

　A子はアレルギー体質で、食事が厳しく規制されています。微量の小麦粉でも全身に発疹を起こし、呼吸が困難になる危険があります。A子の保護者と担任保育者は、アレルギーの状況や食事について詳細に伝え合っていました。

　給食やおやつの際、アレルギー児には個別にアレルギー食が用意されています。その日のメニューはカレーライスでしたが、A子には、小麦粉、片栗粉などの含まれないアレルギー用のカレーが提供されました。しかし、食事の途中からA子に発疹があり、呼吸が激しくなってきたので、食事を中断して保護者に連絡し、急いで病院に連れていくことになりました。

　その日の食材を栄養士と確認したところ、アレルギー用カレーライスに少量のスキムミルクが使用され、それが原因でアレルギーを発症し、発作が起こったことがわかりました。

●誤食の原因

　A子の誤食の原因について、主任、担当保育者、アレルギー担当の栄養士が、A子の保護者への報告を行いました。除去するべき食材は入っていなかったこと、当日の食材や調味料の説明を丁寧に行いました。家庭ではA子にスキムミルクを食べさせたことがなかったということで、おそらくそれが原因だということがわかりました。

●反省と課題

　報告会で、保護者が気づいていないアレルギー源の食材があることに気づきました。さらに、献立表の食材にスキムミルクが記載されていなかったために、保護者に確認ができていなかったことなどが反省点として挙げられました。牛乳の代替には豆乳やスキムミルクで対応できるという思い込みや、お互いの確認の不十分さがあるという課題がわかりました。

●改善策

　A子の誤食については、他のアレルギー児にも起こりうる問題として、今後の対応策を園全体で話し合うことになりました。アレルギー対応について改善策を考え、園長、主任、保育者、給食職員など、全員がチームとして共有して実施することを確認しました。

まとめ 対応のポイント

1 アレルギー対応の基本と手順を守る

①翌月の献立が出来上がったら、アレルギー児の保護者に献立を渡し、除去する食材にチェックを入れてもらう。
②全クラスの担任、所長、主任、給食担当者が集まり、アレルギー会議を行う。個々のアレルギー児の除去食材を確認し、献立表に記入する。献立表はコピーをし、担任、保護者、給食職員、事務員が同じものを見られるようにする。
③当日の給食に使われる食材の成分表を、所長と給食室で声出しチェックをする。仕入れ先の業者やメーカーによって、同じ食材でも中に入っている成分が違うことがある。
④実際の給食と献立表を照らし合わせて確認しながら、給食室と所長でチェックをする。確認後配膳を行う。
⑤クラスに運ばれてきた給食を、担任と給食職員でチェックする。
⑥子どもへの配膳前に、担任同士で複数回確認と声出しチェックを行い、子どもに提供する。
⑦食後30分後に顔色、体に湿疹などが出ていないかのチェックを行う。

2 他職種の働き方や役割について十分に理解する

手間のかかる除去食を必要数だけ用意するために、毎朝、給食室に出席数、特にアレルギー時の出欠に関して正しく伝えます。給食室の準備、片づけの状況を把握し、食器の返却時間は必ず守るようにします。好んで食べた物、食事の適量など、子どもの食事の状態を定期的に伝え、改善してもらいたいことも含めて、お互いに食事内容やアレルギーについての情報交換を行います。

3 他クラスのアレルギー児について知る

長時間保育や延長保育の子どもが増える中、臨時職員も増加しているため、アレルギー児の情報共有や引き継ぎが重要となります。担任の不在時に間食を提供することもあり、長時間保育中に誤飲が起こる可能性があります。延長保育時間、他クラスの担任や臨時職員であっても、アレルギー児について把握し、症状が出た時の対処法をシミュレーションしておく必要があります。

このように、アレルギーに対する緊張感を職員全員がもち、一人ひとりが他職種や保護者を意識して、チームとして具体的な対応や手順を示していくことが必要です。

P（課題の共有・アプローチ）

アレルギー体質のあるA児に、小麦粉、片栗粉等の含まれないアレルギー用のカレーを提供したところ、アレルギー症状が出た。
- 保護者が気づいていないアレルギー源の食材があった。
- 献立の食材について、保護者への確認が不十分であった。

D（実践・試み）

- アレルギー対応の基本と手順を守る。
- 他職種の働き方や役割について十分に理解する。
- 他クラスのアレルギー児について知る。

C（評価・課題の整理）

- アレルギーや食材に対する思い込みが誤飲につながった。
- アレルギー源の食材や対策の知識を深める。
- 園と保護者とのチェック機能を確実にする。
- 園全体でアレルギー対応への共通認識をもつ。

A（改善・実践）

- 保護者からの情報だけに頼らず、お互いに確認をしていく。
- アレルギーの食材や対応は個別に工夫する。
- 誤飲や問題が起こった時は、対処法を見直す。
- 他クラスの子どもや臨時職員であっても対応できるよう周知する。

5 気になる子どもへの保育者同士の連携

　近年、発達障害が疑われる子どもが増えています。しかし、低年齢の時は保育者も判断できず、気になる子だけど個人差の問題だと勝手に解釈してしまうことがあります。その子どもの発達がゆっくりという個性であるのか、集団の中で子ども自身がしんどさを抱えているのかは、観察だけでは見分けられません。

　しかしながら、観察した様子を詳細に記録していくことで、気づくことがあります。子どもの言動が気になった時は、記録を通してどこにつまずきがあるのかを見つけ、保育者が連携して援助を行うことで、子どもも安心して園で生活できるようになります。

|チームワークの流れ|

子どもの困った行動 ▶ 観察と記録の視点の共有 ▶ トラブルの減少

困った行動をきっかけに、観察と記録を共有

●**出来事**

　S（1歳児）は、4月当初、登園時に母親と離れ、泣きながら近くにいる他児を次々と叩いていました。周囲の子どもに興味がないのではなく、登園1日目で数名の子どもの名前を覚えていたり、教えていないのにズボンを自分で脱いだりすることができました。

　Sの行動から、発達に凸凹があることが疑われたので、担任間でSの

様子を記録することになりました。

●観察と記録

　記録について、①いつもと違う様子、②気づいたこと、③他児とのかかわり、④体調と機嫌、⑤食事・睡眠などの生活面を複数の保育者で記録していきました。

　記録するポイントを共有することで、保育者がSを観る視点と意識を共有しました。個々の記録を伝え合うことで、Sの行動パターンなどに気づくようになりました。

●記録からの気づき

　「友だちを叩く、噛むことがあるが、場所の取り合いで手を出すことが多い。特定の子どもに対して攻撃する場面が多い。体に身に付けるものへのこだわりがある」などの特徴が見えてきました。

（1）噛む、叩く状況があるのは、自分の周りに人が密集し、Sの許容範囲を超えて人が侵入してきた時である。

（2）特定の子どもが叩かれたり噛まれる。

（3）身につける物にこだわりがあり、普段使っているふとんなどが変わった時に泣く。

（4）噛む、叩くことが多かった数日後に熱を出す。

●保育者の連携による対応

　記録から困った行動の特徴や理由を確認し合い、対応策を共有したうえで、保育者が連携してSの援助を行うことになりました。

（1）Sの周りに他児が集まる場合は、保育者がそばに付いたり、Sが一人で遊べるスペースを確保して、落ち着ける環境に配慮する。

（2）叩かれたり噛まれたりする子どもの近くに保育者が付き、未然に防ぐようにする。

（3）季節変わりに衣類やふとんや衣服が変わる際は、なるべく同じも

のを用意して徐々に慣れるようにする。
（4）機嫌がよくない時は、個別なかかわりをして体調に気を配る。
　Sの理解を保育者同士で共有し、連携して援助していくことで、Sが落ち着いて過ごすようになり、困った行動や他児とのトラブルが減ってきました。

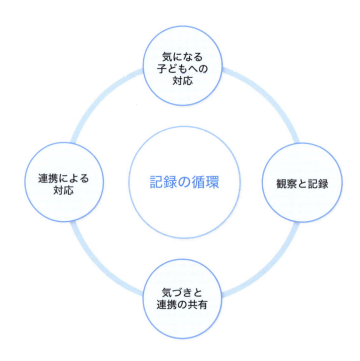

まとめ　対応のポイント

　記録・観察をすることで、ある程度のトラブルを予測できるようになり、未然に防ぐことが多くなりました。また、噛む、叩くなどの困った行動は、体調に起因していることもわかってきました。
　保育所は複数担任ということで、気になる子どもの対応についても連携していくことが重要になります。その時、担当保育者だけでなく、複数の目で観察したことを記録することが、客観的な理解へとつながります。

P（課題の共有・アプローチ）

困った行動（観察する）
- 友だちとのかかわり
- いつもと違う様子
- 体調や機嫌

D（実践）

記録する
- 書くポイントを共有できるようにする（いつもと違う様子・発見したこと・友だちとのかかわり・体調・機嫌など）。
- 担任個々人の子どもを見る視点と意識が共有できる。

C（評価・課題の整理）

意識づけの共有
- 書くことで意識が高まる。意識づけになる。
- その子どもについて、皆が専門性をもって観察するようになる。

A（改善）

新たな気づき
- 書くことで気づきが生まれる。
- 行動パターン、苦手なこと、得意なこと、体調と行動の関係性などが見えてくる。

6 保護者理解と職員間の連携

　支援が必要な保護者には、担任保育者の対応だけでなく、保育所としてチームワークを組むことがあります。しかし、保育所とのトラブルはないけれど、日頃から忘れ物が多い、送迎の時間だけが守れないという気になる保護者もいます。

　そのような場合、他に目立ったトラブルを起こさないため、支援が抜け落ちてしまうことがあります。

チームワークの流れ

保護者への偏見　▶　保護者との
かかわりと理解　▶　職員間の
共通理解　▶　職員連携による
支援

約束した時間を守れない母親への支援

●出来事

　2歳児から入園している子どもの母親です。5歳児で初めて、その子どもの担任をすることになりました。今まで担任した多くの保育者から、「真面目そうで『わかりました』と返事をするけど、全然わかっていなくて、時間にルーズなしたたかなお母さん」と聞いていました。聞いていたとおり、朝はゆっくり登園、迎えは約束の時間を必ず過ぎるという状況でした。

　しかし、実際に母親とかかわると、したたかな人には思えず、「なぜ時間を守れないのだろう」という疑問を抱きました。

●保護者とのかかわりと理解

　折に触れ、母親には時間を守ってほしいことは話したものの、ほとんど改善されませんでいた。その後、個人懇談の時に、母親から本音を聞くことができました。

時間が守れないことに対して「何か理由でもあるんですか」と尋ねると、急に涙ぐみながら「守りたいけどできないんです」と言いました。自分でもインターネットで調べて「発達障害かも」と、自分に対する気づきを話しました。保育者は「今までお母さんのしんどさを理解できずに無理なことを言ってごめんね。つらかったね」と話しました。

　この時、この母親は「したたか」ではなく「できない」状況で苦しんでいたことがわかりました。

● 職員間の共通理解

　個人懇談でわかった母親の困難さやつらさについて、他の保育者に報告しました。そのことで今までの保護者の言動の理由が理解できるようになり、新たな気づきになりました。

- 新年度に提出した緊急連絡票に記載された保育所から自宅までの地図が、詳細でわかりやすい手書きで驚いたこと。
- 極端にできることとできないことの特性をもつ人だということ。

　保護者に対しては厳しい目で批判しがちになることを反省し、表面的な言動だけでなく、「なぜそうなるのか」という疑問をもってかかわる必要性について、職員間で確認し合いました。

● 職員連携による支援

　職員全員が母親の特性と困難さを理解したうえで、園に遅れる時は電話を入れる、時間を守れる方法、必要な行動を習慣化できる具体的な方法を提案することにしました。母親にとって難しくないこと、「これならがんばれる」という方法を探し、徐々に改善されるように支援していきました。

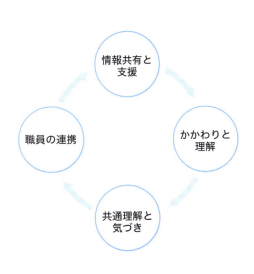

まとめ　対応のポイント

1　情報の共有（引き継ぎ）に気をつける

　前年までの担任保育者の保護者に対する「したたかな人」という情報から、保護者に対してネガティブなイメージをもつことになります。そのため、この母親を理解するうえで偏見があったことは間違いありません。引き継ぎなどの連携で、印象などが間違った形で伝わると、利用者への無理解につながることになるという出来事でした。

　一人の保育者の保護者へのイメージが、他の保育者にそのまま伝搬し、保護者に対して偏ったイメージができてしまうことがあります。保護者の情報を共有する中で、一つのイメージが出来上がっていないか、気をつける必要があるでしょう。保育者はさまざまな側面から、保護者を理解することを意識しなければなりません。多面的な理解は、一人よりもチームで行うほうがやりやすいでしょう。チームの意見を一つにまとめることも大切ですが、保護者を理解するためには、多様な側面を出し合うことで、理解する力が高まります。

　情報を共有しつつ、多面的な理解ができるように心がけるのは、子どもも同じです。

2　保護者への視点と反省

　問題を抱える保護者を理解する過程で、保育者が保護者に向ける意識について反省がありました。保護者支援をチームとして実施するために必要なことは、次のとおりです。

・「時間を守ってほしい」ことに意識が向いてしまい、困った人という「ラベリング」をしてしまっていたのではないか。
　→「守らないのはなぜか？」という視点で保護者とかかわることで、守らないのではなく守れない人もいるということに気づき適切な支援ができるのではないか。
・保育者は子どもには寛容であるが、大人には寛容になりにくい。"親ならできて当然"という意識をもち、保護者に対する期待や要求が高くなっているのではないか。
　→保育者は、子どもの立場に立ち「早く迎えに来てあげて」と言うことが多い。「したくてもできない」保護者にとっては苦痛になるのではないか。
・気にならない（目立たない）保護者は、そのままにしてよいのか。
　→保育所のなかで話題に上がらない保護者もいる。問題がない場合であっても、小さなことを言葉に出して職員間で共有することで、保護者を多角的に理解することにつながる。

・アドバイスや助言に力が入る。
→困った状況を解決しようとして、保護者に助言をしようと力が入る。その前に保護者ができることは何かをチームで話し合い、時には保護者と一緒に考えることが大切である。

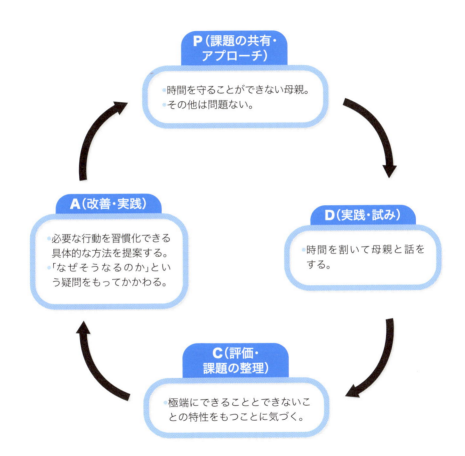

7 他のクラスとの連携

　保育所に通う子どもはさまざまな背景をもっています。家庭の事情に課題があり、不満や不安定な気持ちを抱えたまま登園する子どももいます。子ども同士のトラブルがきっかけで気持ちが爆発し、部屋から飛び出したり他児に危害を加えるなどの行動を起こすこともあります。

　かかわりの難しい子どもや困難を抱えている家庭への支援については、担任だけで抱え込まずに、他のクラスと協力や連携をしていくことが必要になります。

|チームワークの流れ|

困った行動　▶　対応の工夫　▶　共通理解と協力　▶　子どもの変化

部屋を飛び出す子どもへの対応と連携

●出来事

　5歳児クラスに進級した初日から、数人の子どもたちが部屋を飛び出してしまいました。新しい担任への試し行動のようでしたが、次第に落ち着いて部屋で過ごすようになってきました。

　しかし、Yだけは変わらず、部屋を飛び出すことが続いていました。給食が嫌になった、友だちとトラブルになったなど、理由はさまざまでしたが、何か嫌なことがあると部屋を飛び出すという行動が続いたのです。

最初はYを追いかけ、後で飛び出した理由を聞く、という対応を繰り返していましが、このままでは、①嫌なことがある→②先生が追いかけてくる→③一対一で話を聞いてくれる→④一対一で話がしたい→⑤飛び出そう！という悪循環になると思いました。

●共通理解と対応

　そこでYを追いかけることは止めて、自分から部屋へ戻ってくるのを待つことにしました。「担任に話を聞いてもらいたい」という、Yの本当の気持ちはわかっていたため、最終的には他のクラスへ行った時にはあえてかかわらず、危険なことがないように見守ってもらい、クラスへ帰るように促すという協力を、全クラスの保育者に依頼しました。

　飛び出しが起こるとすぐに全クラスにインターフォンで連絡し、保育者間で打ち合わせていた対応をお願いしました。しばらくすると、担任は迎えに来ないし、他のクラスの保育者にも相手にされないとわかり、自分のクラスに戻って来るようになりました。戻ってきたころには、Yも気持ちが落ち着いているので、「お帰り。どうしたん？　何があったか話してくれる？」と聞くと、何が嫌だったかを語ってくれました。「そんな時は、どこかに行ってしまうのではなくてお話ししてね」と言うと「うん」と素直に頷いていました。

●子どもの行動の変化

　短期間でYの行動が改善されるわけではありません。それからも何度も同じようなことを繰り返していましたが、卒園する頃には自分のクラスがYの居場所となり、部屋を飛び出すことはなくなりました。担任の対応策やYの状態を全職員が理解し、納得したうえで、飛び出し行動に関心を示さず協力してしたことで、Yの行動に変化が起こったと思います。

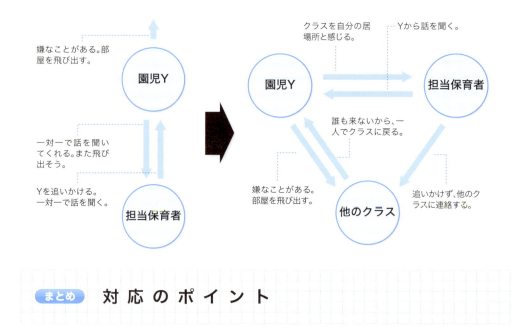

| まとめ | 対応のポイント |

1　担任だけで対応せず、全クラスに協力を求める

　部屋から子どもが飛び出してしまうと、担任も一緒に部屋を出て追いかけてしまいがちです。保育者の数に余裕がないと、担任一人がクラスからいなくなることはできません。他のクラスの保育者に協力してもらうことで、安心して保育ができ、個別の対応にもゆとりがもてます。

2　子どもの状況と対応策を一緒に考える

　子どもにとっても「飛び出せば先生が追いかけてくる」と考えることにつながり、間違った行動を学んでしまいます。担任から全職員に子どもの事情を話し、対応について一緒に考える機会をもち、具体的な対応方法を提案して協力してもらいます。協力の結果として、子どもがどのように変化したのかを報告します。具体的な成果が見えてくればチーム力が高まり、他の子どもへのかかわりにも応用することができます。

3　チームで保育する意識をもつ

　保育者によって対応がバラバラだと、子どもも戸惑います。子どもがどのような状態で出て

いったのか、どのように対応してほしいのかを具体的に伝えることが大切です。担当の保育者が曖昧な連絡をすると、周囲も困惑してしまいます。子どもに声をかけたり相手をすることが、不適切な援助になることもあります。職員間の連携によって、あえてかかわらないでいることがいい場合もあります。

　保育者は、子どもが困っている様子を見るとつい声をかけたくなります。しかし、もしかしたらクラスの先生に叱られて反省中なのかもしれません。気に入らないことや嫌なことがあって部屋から飛び出し、他クラスの保育者に甘えに来ている可能性もあります。子どもにとって話しかけないで見守ったり、知らないふりをしたほうがよい場面かもしれません。保育は連続していて、切り取られた一場面を見ただけではわからないことも多いので、自分の判断だけでなく他の職員からも情報を得て、多面的に子どもを知る必要があります。

　子ども理解を深めるためには、チームの意識をもって情報を出し合い、共有し連携する意識をもつことが重要です。

P（課題の共有・アプローチ）
- 嫌なことがあると部屋から出てしまう。
- ①嫌なことがある→②先生が追いかけてくる→③一対一で話を聞いてくれる→④一対一で話がしたい→⑤飛び出そう！という悪循環になる。

D（実践・試み）
- 追いかけることは止めて、自分から部屋へ戻ってくるのを待つ。
- 他のクラスへ行ったときにはあえてかかわらず、危険なことがないように見守ってもらい、クラスへ帰るように促してもらうよう、他の保育者にお願いする。

C（評価・課題の整理）
- しばらくすると、自分からクラスに戻って来るようになる。
- 気持ちが落ち着いて、自分から話しかけてくれる。

A（改善・実践）
- 具体的な成果が見えることで、チーム力が高まり、他の子どもへのかかわりにも応用することができる。

8 日常的な保育場面でのチーム力の発揮

　日常の保育で子どもたちとかかわっていると、気になる様子やがんばってほしいと思う姿など、さまざまな課題が見えてきます。A（4歳）には運動面と情緒面で課題があることに担任保育者が気づいていて、その課題を乗り越えてほしいという願いを抱いていました。
　一人の子どもを援助する時、担任だけでなくクラスの枠を超えた意識が問われる事例です。

|チームワークの流れ|

子どもの苦手意識を変えたい ▶ 複数の職員によるかかわり ▶ 周囲を巻き込んだ援助

子どもに成功体験をさせたいという保育者同士の連携

●出来事

　A（4歳）は、友だちが遊んでいる大縄跳びに興味があるものの、失敗が怖くて入っていけません。以前、無理に保育者が誘って大縄跳びをした時、縄に引っかかって跳べず、泣いてしまったことがありました。
　以来、遠くから縄跳びの様子を見ているものの、縄跳びに誘われても「嫌や！」と首を横に振るようになりました。

●検証

　そんなAの様子が、幼児クラスのカンファレンスで話題にな

りました。どうすればAが大縄跳びの活動に入れるか、保育者間で対応を
考えました。

  B 保育者　プライドが高いから失敗するのを見られるのが嫌なんだと
　　　　　　思う。
  C 保育者　それだったら、人数が少ない時に誘ってみてはどうだろう
　　　　　　か？
  D 保育者　3歳児の昼食が始まって、4、5歳児が保育室に戻る11時半
　　　　　　くらいになれば、園庭の子どもが減るので、その頃がいい
　　　　　　のでは？
  E 保育者　AはM君に対して憧れがあるから、M君が見ている時は余
　　　　　　計にやりたくないのでは？

　このように、担任以外の保育者も含めてAの気持ちを汲み、大縄跳びに
参加してみようという気持ちを促す環境を作るための意見が出ました。
職員間で話し合うなかで、Aに大縄跳びが跳べたという成功体験を感じ
てほしいという共通目的が芽生えました。

　保育者であれば、担当する子ども一人ひとりを観察し、それぞれの課
題を見つけると、それをがんばって克服し、自信をもってほしいという
願いがあります。しかし、保育者の期待に応えられる子どもばかりでは
ないので、保育者自身が日々悩んで保育をしています。

　子どもに関する悩みを聞くと、同じような悩みをもっていたり、上手
に対応した経験のある保育者から共感や助言をもらうことがあります。

● 大縄跳びプロジェクト

　数日後、Aが縄跳びを遠くから見ていました。Bが大縄を回しながら、
その様子に気づきました。Cは砂場から、Dは隣のエリアでしっぽとり
をしながら、それぞれがAの様子に気づきました。

　園庭にいた保育者たちがお互いの位置を確認しながら、Aの様子を見
守っていました。

  B 保育者　今はまだ誘ったらだめだと思う。

C 保育者　もう少しAが自分から大縄跳びに近づいたら誘うわ。

D 保育者　Mにはこのしっぽとりが終わったら、部屋に入るよう誘うわ。

　それぞれ離れた場所から、保育者同士がアイコンタクトで、"A大縄跳びプロジェクト"を始動させました。

　Dは「楽しかったねぇ、部屋にもどってご飯食べようか」と言い、Aを含めた園庭の子どもたちを保育室へと誘います。Cは砂場遊びの安全を見守りながら、砂場から離れてAに近づきます。

　Bが「よーし、じゃあ10回ずつみんな跳んでみよう」とAにも聞こえるように声をかけ、大縄跳びに並んでいた子どもたちに、「よし、やろう！やろう！」という雰囲気を作ります。

　楽しそうな雰囲気が増し、Aの興味も高まってきて、少しずつ足が縄のほうに近づきます。C「そろそろかな？」、B「まだや、もうちょっと」とアイコンタクトをとります。Aがさらに大縄跳びに一歩近づいた時、Bの「今や！」という合図で、Cが「いっしょに行こうか！」とAを誘います。その場の雰囲気に押されて、Aは抵抗なく縄に入りました。

　周りの子どもが、「いち、に、さん、し…」とAが跳ぶのを数えました。「10！」Aが10回跳んだ時、子どもたちから「やった！」と歓声が上がりました。Aは嬉しくて、でも少し恥ずかしそうに笑みをうかべていました。保育者3人で目を合わせ、それぞれの心の中で、「よっしゃ！！」と喜び合いました。

大縄跳びへの挑戦

- 大縄跳びに参加しないAの課題
- 保育者同士の話し合いと共通目的の確認
- チームでのタイミングと環境づくり
- Aの大縄跳びへの挑戦と達成感

まとめ **対応のポイント**

　日常の保育でチーム力を高める大切さについて紹介しました。チーム力を高めるために、次のようなポイントが考えられます。

1　カンファレンス

　Aが大縄跳びに苦手意識を抱いていることを、子どもの遊びの様子を見ている保育者たちは何となく感じていました。カンファレンスで子どもの話をする時は、遊びの様子からその子どもの課題を明確にしていくために、できるだけ子どもを多面的に捉える必要があります。

　大縄跳びが苦手という子どもの姿があっても、その捉え方や見方は保育者によって異なります。なぜ苦手意識があるのか、どうすれば克服できるのかについて意見を出し合い、課題と目的を共有し、目的を達成するための方法を導き出せるカンファレンスでありたいと思います。

> ①子どもの姿から課題が見つかる→②意識の共有→③それぞれの捉え方を伝える（自分の捉え方とは違う相手の意見を肯定的に受け入れる。なるほど、そういう見方もあるか）→④複数の捉え方から目的を絞る（どこを育てたいか）→⑤方法を考える（だれがどういう役割をもつか）→⑥実践する→⑦評価する（やってみてどうだったか・あのタイミングで止めてくれてよかったわ、と相手に良かったところを伝える）→⑧保育者同士の信頼関係につながる

　実際に体験した内容は具体的な意見として積極的に話しやすいものです。職員会議などでは、議題によってはいつも同じ人が発言したり、発信力のある人だけが主体となって会議が進んでしまいがちになります。しかし、「子どもの話」となると、それぞれが子ども一人ひとりの見方や捉え方をもっているので、意見が出しやすくなります。

　冷静に全体を見ながら子どもの姿を捉えることのできるベテラン保育者の意見は貴重です。子どもたちと思い切り体を動かし汗だくになって遊ぶなかで、子どもの姿を知る若手保育者の意見もあります。

　子どもとのかかわりから感じた意見は、実際の体験を通したものであるため、相手に伝えやすく、共感できる意見として周りも受け入れやすいのではないかと思います。

　一場面での出来事を複数の保育者で共有し考えることで、子どもの成長発達に重要な側面をもって援助していくことができます。さらに一人の職員として、それぞれ子どもを見る目をお互いに尊重することができます。

子どもの遊びや生活場面は、保育者みんなで見ていくことで多面的に捉えていくことができます。一人の保育者が見た場面が一つであっても、子どもの姿を捉える目が複数になれば、子どもの捉え方に幅ができます。「そんなところがあったんだ」「自分が感じたこんな子どもの姿を他の保育者にも伝えたい」という場面が増えることで、お互いに関心が高まりやすくなり、保育者同士の発信が増えることも期待されます。

　自分の担当クラスの子どもについて知らなかった姿を伝えてくれる相手（保育者）に、また自分も他のクラスの子どもの様子を伝えたいというサイクルが生まれます。

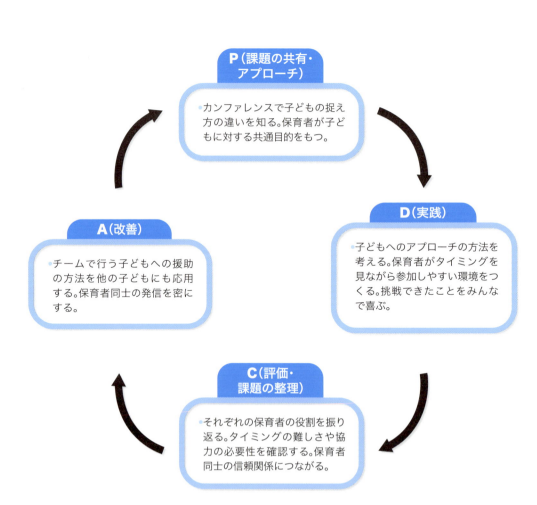

2　他の場面への応用

　短期間で変化が見えやすい子どもへのアプローチは積極的に取り組みやすく、いつでもだれに
でもできる場面は、他の子どもにも応用しやすいです。例えば、運動は得意だけど絵や製作が苦
手と感じている子どもがいると、保育者一人ひとりの子どもを見る目を共有することで、この子
どもの場合はどうかかわっていこうかという方法（それぞれの役割）を決め、実行するまでの時間
が短くてすみます。

3　保護者に伝える

　実際に話し合ったことを実行し、子どもの変化がみられた時には保育者冥利につきると思いま
す。「うまくいったね」と保育者間で評価するだけでなく、子どもの成長を保護者と共に喜び合う
ことも、子ども、保育者、保護者の関係性を高めます。

　Aのエピソードがあった当日、かかわった担任以外の保育者がその様子を母親に報告すると、
「他の先生（担任以外の保育者）たちもうちの子をみてくれているんだわ」と喜んでいました。その
後、保護者が家庭での子どもの様子を積極的に保育者に話してくれるようになったという効果も
ありました。

4　コミュニケーションの活性化による効果

　私たち保育者は、普段の保育の中で子どもたちと一緒に遊び、向き合い、保育を実践していま
す。それぞれが発揮している力をチームの力にしていくと、保育者間での子ども理解の共有とな
り、課題を見つけて共通の目的を見出すことができます。目的を達成するための役割を明確にし、
実行したことを振り返ることも大切です。

　普段からお互いに子どもの様子を伝え合う関係にするためには、まず言葉に出して相手に伝
えるコミュニケーションが大切です。保育者同士のコミュニケーションが活発になると、お互い
に関心をもち、支え合う意識が芽生え、「チーム力」が高まっていきます。

9 行事に向けた話し合いを通した意思統一

　保育所で行われるさまざまな行事には、保育者のねらいや思いが込められています。方法や内容よりも、共通の目的に向かって進むための確認の過程が、チーム力を高めていく上では必要です。

|チームワークの流れ|

参観日の行事の話し合い　▶　目標の共通認識　▶　行事のあり方の見直し　▶　実践・協働

集団活動の広がりと保護者参観

●出来事

　6月の運動会の後、集団として活動していく力が4、5歳児クラスの子どもたちに備わってきます。その流れから子ども同士のつながりを大切にしていく遊びへと展開し、幼児クラスでは例年、お店屋さんごっこをしています。

　4、5歳児は合同でお店屋さんごっこを進めていきます。保育者は子どもたちと話し合いながら、お店は何にするのか、どんな物を売るのか、どのように準備していくのかなどを決めていきます。3歳児は保育者が中心となり、クラス単独でお店屋さんごっこを展開します。後の保護者参観では、3、4、5歳児が合同でごっこ遊びをすることになっていました。

　このような毎年行っている行事の流れは、保育者にとって計画しやすく、子どもも前年の行事を思い出してイメージしやすいものとなっています。

　3歳児クラスは生活面を丁寧にみていくため、クラスでの活動を大切に

し、クラス単独でのごっこ遊びをしていました。子どもが役になりきって遊びをすすめる姿や、同じクラスの子ども同士のやりとりを楽しんでいます。

4、5歳児は4月から一緒に活動してきたので、3つのお店をごっこ遊びで展開しています。ごっこ遊び以外で、少しずつ3、4歳児がかかわって遊ぶようになり、園庭では鬼ごっこやしっぽとりなど、ルールのある遊びを一緒に楽しむようになってきていました。

●検証

保護者参観日の2週間前の会議で、子どものどういうところを保護者に見てほしいかについて、幼児クラスで討議しました。3歳児クラスでは、単独でジュース屋さんをしているところを見てほしいという意見でした。4、5歳児クラスでは焼肉屋、ポテト屋、動物園ごっこの様子を保護者に見てもらうことで、子どもも保護者も楽しめるという意見が出ました。その理由は、「去年もしてたから」ということでした。

話し合いを進めるなかで、"今年の子どもたち"の何を見てもらいたいかを改めて考えたいという保育者がいました。その投げかけには、"なぜ3歳児クラスに合わせて4、5歳児がお店屋さんごっこをしないといけないのか"という、4、5歳児クラスの担任の不満があるように感じました。

他クラスの保育者が「4、5歳児クラスはなぜお店屋さんをするのか」と問いかけると、4歳児クラスの担任は「4歳と5歳の子ども同士のかかわりが増えてきたから」ということでした。子ども同士のかかわりを見てほしいのであれば、「鬼ごっこやしっぽとりをしている普段の姿を見てもらうほうがいいのでは」という意見が出てきました。他の保育者からは、合同のごっこ遊びのなかで「3歳と、4、5歳の子どもにかかわりはあるのだろうか」という問いもありました。

確かに言われるとおりです。3歳児を含めた異年齢でのかかわりが少ないことに気づきました。「いつものとおりでよいのか」という問いから、同じ行事であっても保育の目標を新たに考えてみる機会になりました。

■ 図表4-2　保護者参観に向けた話し合いのプロセス

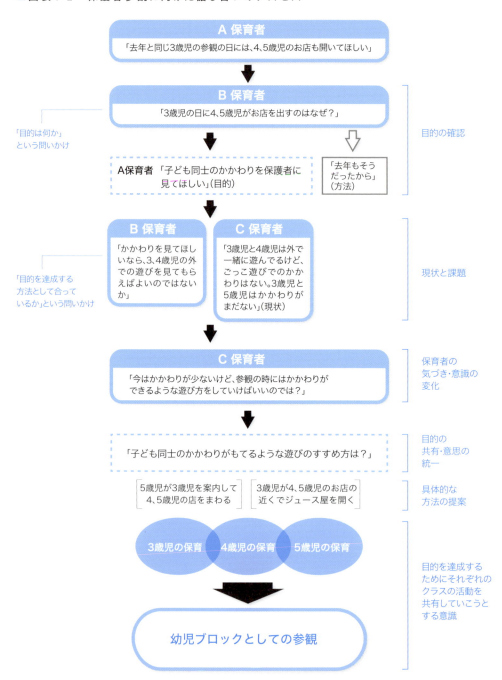

148

●目標の設定

4歳児クラスの保育者は「今は異年齢でかかわる姿が少ないけれど、少しずつお店屋さんごっこを一緒にすることでかかわりを増やしていきたい」「2週間後、異年齢の子どもがかかわって遊ぶように進めていくということですね」と言いました。

各年齢の担任保育者が行事の目的（ねらい）を納得し、同じ方向を向いて保育するために、先の見通し（目標）をもつことの大切さを確認できた話し合いでした。

●チームで同じ方向に向かう

保護者に見てもらいたいこと

今回の行事検討会で、どのクラスの保育者にとっても、保護者に子ども同士のかかわりをみてほしいという思いがあることを確認できました。その目的のために見通しを立て、どのような取り組みが必要かという意思の統一をすることができました。

保護者に見てもらう行事は、基本的な目標として「子どもたちの発達過程と現時点での到達度を知らせる」ことにあります。毎年同じ行事なので、同じ方法で進めていくことは簡単ですが、活動する子どもたちは毎年異なります。そのことを踏まえて、毎回「今現在の子どもたちについて、保育者と保護者が共有したいことは何か」を話し合うことが大切であると再認識しました。

異年齢での子どものかかわり

今まで各年齢のクラスで単独に取り組んでいた行事の内容を、3歳児と4歳児と5歳児の内容につながりをもたせるように考えました。例えば4、5歳児のポテト屋の隣りで、3歳児がジュース屋を開くことや、5歳児が3歳児を案内してお店を回るなど、具体的な遊びへと展開していきまし

た。子どもたちも自分のクラスだけでなく、他のクラスの様子に興味をもったり、5歳児が3歳児の準備を助けるなど、かかわりが深まっていきました。

保育者が目標を意識する

保育者は異年齢のかかわりを見てもらいたいという共通の目標を意識しながら、各年齢の役割を具体的に工夫しました。「かかわりがないからできない」という今の子どもの姿だけを捉えるのではなく、行事に向かってすすんでいる今の子どもの姿を肯定的に捉え、かかわりを広げていくためにはどんな保育をするべきかという、具体的な保育の方法を考えていきました。

行事の当日には、子どもたちが楽しく、自信をもって取り組んでいる姿を保護者とともに見ることができました。

●行事をチームで進める

幼児グループとしての行事

3歳児は4、5歳のお兄さん・お姉さんと一緒に行事をすることを楽しみ、参観した保護者は子ども同士のかかわりから成長したわが子を見て喜んでいました。行事を進めていく過程で、参観はそれぞれのクラスの行事であると同時に、幼児チームとしての行事であるという意識をもつことができました。

年度による目標の違い

今の子どもの姿だけでなく、行事に向けて子どもの姿にねらいをもつことの必要性に改めて気づきました。また、子どもの様子や遊び方は毎年異なり、方法も同じではなくていいことに気づきました。例年どおりの行事

をこなすことが目的になっていないか、大事なのは「これでいいのだろうか」という疑問から、保育者間で話し合って確認する機会をもつことです。

プロセスをチームで考える

　目標の共有を確認し、現状の子どもの姿を共通認識します。次のステップとして、共通の目標に向かっていくための具体的な保育の方法を、見通しをもちながら話し合いました。

　「遊びが広がってほしい」「かかわりを深めてほしい」という目標が一致するためには、アイデアを投げかけ、意見交換することで、チームとしての保育になります。行事の目的と方法を確認するプロセスがチーム力を高めていくことがわかりました。

●同じ行事でも改めて検討する（A）

目標確認のための話し合い

　長年培ってきた園の特徴や方法を踏襲することはいいことです。しかし安易に慣例するのではなく、今年は何を大切に保育をしていきたいのかを話し合うことが大切です。職員が同じ目標をもって進んでいくために、その年の保育者で確認することです。

　保育者はそれぞれの保育観をもって保育や行事をすすめていますが、共通の目標を確認し合う作業が必要になります。

他の行事や日常の保育への応用

　他の行事についても、今年の子どもたちの姿を確認し、各クラスの目標だけでなく、幼児クラスとしてどのような行事にしたいのかを話し合うことになりました。また日常の保育についても、「いつもしているから」「これで問題ないから」と思い込んで行っていることがあるかもしれません。「これでいいのか」「もっとよい方法があるかも」という意識をもち、よりよい保育を目指す必要があります。そのためにも、一人ひとりの保育者の意識が大切です。

まとめ　対応のポイント

　事例では、「例年していたから今年も同じことをする」ことに疑問を抱いたことで、「本当にこの方法が最良なのか」「目標と違っていないか」を確認することができました。去年と同じことをすることが目標になると、方法が目的になってしまいます。疑問を感じた場合はチームに投げかけることで新たな気づきがあり、変化のきっかけになります。そのような疑問や意見を言える雰囲気、異なる意見を受け入れたり尊重するチームでありたいものです。

行事を前にした会議は、園の目標やプログラムを決めるなど、盛りだくさんの内容になります。チームとして「PDCA」を意識するためには、職員は前年度の会議録に目を通して会議に参加します。職員は自分の思いがチームに尊重されているという感覚をもつことで、行事に取り組む責任感が高まります。

　全員が前年度からの課題（改善点）を確認し、新たな目標とプログラムを決めるためには、全員の発言が欠かせません。職員一人ひとりが「会議の進め方」（第3章）を共有し、話し合いに協力的な姿勢で臨みましょう。

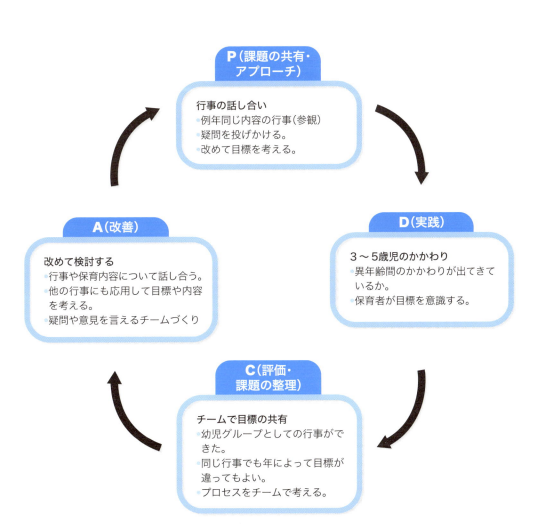

10 互見保育（公開保育）を通したチーム力の向上

　園内研修としての互見保育は、保護者がお互いの保育を公開し、意見交換をする機会となります。保育の質やチーム力向上のために、園内で他クラスの保育を参観して学び合っています。公開後の討議で意見交換したことで、保育者の気づきや振り返りができ、園全体でも行事に対する見直しができた事例です。

|チームワークの流れ|

公開保育の実施 ▶ 意見交換からの気づき ▶ 保育の振り返り ▶ 保育の向上

公開保育の目的と姿勢

●出来事

　A保育所では、園内研修として職員の公開保育を定期的に行っています。公開保育の目的は、保育者が自分の保育を振り返り、お互いに学び合う機会をもち、質の高い保育を目指すことにあります。公開保育の後の協議では、次のような姿勢で臨むことを確認していました。

- 自分の考えを持って伝えること
- 他の保育者の意見を聞くこと
- お互いの考えを認め合うこと

5歳児クラスでは、運動会の取り組みを進めていきたい時期でもあり、担任は子どもたちと運動会について話し合いをしているところです。クラスとしての話し合いと活動の流れを計画し、公開保育で観てもらうことにしました。

●検証

協議による意見交換

公開保育の午後、その日の内容を参加者で協議しました。公開保育を参観した保育者は、それぞれの感想や意見を述べました。

- 5歳児が自分たちで運動会の内容を決めることができて感心した。
- 子どもたちが主体的に行事に参加していると思った。

このように、幼児クラスで行事を経験している保育者からは、がんばっている子どもや担任を認める感想が出されました。しかし、新任の保育者からは、担任と子どもとのかかわりについて疑問が投げかけられました。

- なぜ先生は、子どもを待たなかったのですか。あんなにあせって子どもを集める必要があるのでしょうか。
- 子どもの気持ちを聞くことも大事ではないでしょうか。

これらの指摘に対して、幼児クラス経験のある他の保育者からは、別の意見が出されました。

- 担任が子どもにだけ任せるのではなく、大事な場面では提案や注意が必要だと思う。
- クラスとして決めたことに対して、保育者が厳しく注意することはやむを得ない。
- 5歳児の発達を考えると、規範意識や集団での活動の大切さを子どもに伝えることに問題を感じなかった。

その保育者の意見には「担任は行事に向けてがんばっているのに、なんて失礼な」という雰囲気が感じられました。もしくは、運動会という行事に向けた担任の思いやあせりに共感し、子どもに厳しくしたくなる心情

155

を察していたのかもしれません。

自身の保育の振り返り

　新任以外の保育者は保育経験が長く、5歳児の担任の思いに共感できたのかもしれません。共感してもらえると、保育者にとっては安心感や自信となります。しかし、保育者として状況や心情を「共感することがよいのだろうか」という疑問も湧いてきました。見て感じたことや疑問をストレートに言えることは、むしろ「新鮮な意見として捉えるべきではないのか」と感じました。経験が浅いからこそ言えた意見にも貴重なことがあります。保育経験を積むことで、「言ってはいけない意見」という意識になっていないでしょうか。

　5歳児の担任にとっては「集団としての活動を重視した結果、個々の子どもへの配慮が足りなかったのではないか」と自身の保育を振り返るきっかけとなりました。

●改善

　その後、5歳児の担任は意見を述べた新任に対して、担任としての思いや行事について話をしました。率直な意見をもらったことで自分の保育を振り返ることができたことを伝えました。

　その後の職員会議でも公開保育での協議内容を踏まえて、行事の進め方を考え直してみることになりました。保育者の気持ちのあせりは、子どもの活動にマイナスになります。行事の進め方として、保育者は余裕をもち「子どもを信じて、子どもの意思を待つ」ことを大事にしていこうと確認しました。

まとめ　対応のポイント

　保育の方法を多面的に見ていくためには、さまざまな意見を柔軟に受け止めることが大切だと感じた公開保育となりました。園内研修は「言わなくてもわかる」よりも、あえて「言葉で伝えていく（アサーション）」練習の場でもあります。率直な意見を出し合い協議をすすめていくことが、お互いの理解にもつながります。行事などお互いの大変さを配慮していく必要はありますが、保育の質を高めるための公開保育であるということを忘れないようにしたいものです。

　保育や行事を見直したことで、保育者にとって①子どもの姿をよく見る、②子どもの言葉に耳を傾ける、③保育者同士で話し合うということが増えてきました。公開保育を通して保育の質を高めるだけでなく、保育者にチームとしての意識がもてるようになりました。

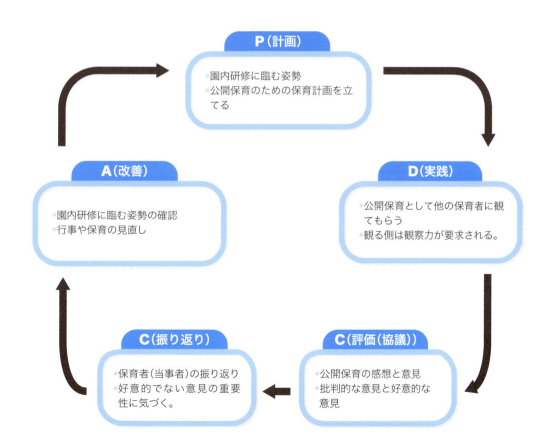

11 子どもを丁寧にみる力を皆で養う

　年齢にとらわれず自由な形態で保育をしている場合、クラスとしての活動ではなく、幼児全体での活動となります。さまざまな遊びのコーナーを子どもが自分で選んで遊ぶため、担当している子どもが、どこで、どんな遊びをしているかという様子をすべて把握するのは難しいものです。そこで、子どもの様子を把握し、保育者間で伝達する事例を紹介します。

| チームワークの流れ |

異年齢保育における個別のかかわり

●担当の子どもの確認

　この保育所では、クラス別保育ではなく、オープンシステムという保育形態を導入しています。これはクラスの枠を超えて、3歳児から5歳児までの子どもが自分で遊びのコーナーを選ぶものです。保育者は年齢ごとに担当が決められていますが、担当の子どもが同じ保育室やコーナーにいるわけではありません。

　保育者は、担当する子どもがどこで何をしているのかを把握し、活動が広がるために必要な援助をする必要があります。保育者は名簿を見ながら、一人ずつ確認していました。

●出来事　この子何してる？

　「Aはお店屋ごっこで遊んでいた。お店コーナーにはよく来ているけど、他のコーナーには行かないので、今度誘ってみよう」「Bはお店屋ごっこで元気に接客していた。意外な一面を知ることができる機会だった」な

ど、保育者同士で伝え合いをしています。

　その中で、普段どこで遊んでいるかわからないCがいました。毎日元気に来ているし、どこかのコーナーで遊んでいるはずなのに、どの保育者の記憶にも残っていません。そこで翌日から、Cがどこで何をしているかを保育者で連携して見るようにしました。

　お店屋ごっこで遊んでいることもありますが、廊下をうろうろしたり、いすに座っていることが多くありました。遊んでいるようで遊んでいないCの姿を、どの保育者も気づいていなかったのです。

● 検証　話し合いと工夫

　保育者の話し合いや会議では、行事の段取りなど連絡事項が中心になり、子どもについての連絡や協議がおろそかになっていたことを反省しました。子ども同士のかかわりをより丁寧に見ていくために、新たな伝達方法を考えました。

- 遊びの表をつくり、誰がどのコーナーでどのような遊びをしているか、それぞれの遊びの担当者が伝え合う。

- 一人ひとりの遊びの様子（興味、理解、遊び方など）を保育者間で共通認識できるようにする。
- 子どもの名前を書いた用紙に、誰がどこの遊びに参加していて、誰とかかわって遊んでいるかという人間関係図をつくる(図表4-3)。

■ 図表4-3　人間関係図（例）

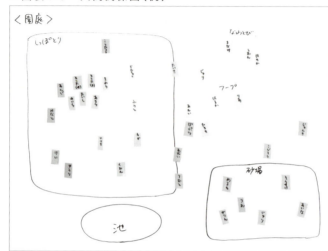

・遊びのグループにどの子どもが属しているのかがわかる
・グループには属していないが、友だちの遊びを観て参加している子どももいる
・どのグループにも属さず、遊びを見つけられない子ども、遊べずに動き回っているだけの子どもを見つけられる

●**新たな子どもの姿を把握する**

　保育者が意識して前述のとおり実践していくと、一人の子どもの遊びの特性や上手に遊べない子どもの発見など、今まで見えていなかった子どもの姿を把握することができるようになりました。

　保育者同士でも、担当以外の子どもについて共通理解することができるようになりました。Cが興味を抱いている遊びは、お店屋ごっこではなく、静かに一人で遊ぶパズルや絵本でもあることがわかりました。一人遊びに満足してから、子ども同士をつなぐタイミングや援助方法を考えることにしました。

　保育者がチームとして子どもの状況を把握し、特性を理解していくと、新たな援助の方法を考えることができます。

まとめ 対応のポイント

　自分のクラスだけでなく、幼児全体の子どもを見るためには、保育者の連携や協力が大事であると意識するだけでは難しいものです。
　子どもの名簿を使って一人ひとりの様子を確認することで、見落としている子どもに気づきやすくなります。子ども同士のかかわりや関係性をチームで共通理解する会議の進め方として、図で視覚的に情報を共有できるようにすることは有効でした。
　図で示すことで、多くの情報をチームで共有することができます。課題のある子どもを見つけたら、保育者間で話し合い、どのような援助が必要であるかを考えることができるのです。

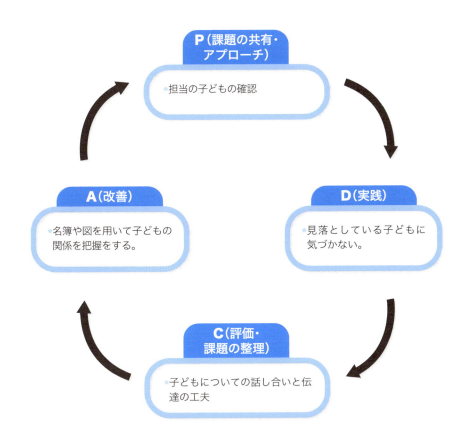

引用・参考文献　　　　　　　　　　　　　　　　　　　　（五十音順）

- 遠藤利彦「アタッチメントが拓く生涯発達」『発達』153号、2〜9頁、ミネルヴァ書房、2018年
- 太田富美枝・太田光洋「保育者同士の関係」『発達』118号、30〜36頁、ミネルヴァ書房、2009年
- 大竹智「子ども家庭支援とは何か」大竹智・倉石哲也編『子ども家庭支援論　はじめて学ぶ子どもの福祉』ミネルヴァ書房、2019年
- 大藤ゆき『児やらい─産育の民俗』岩崎美術社、1967年
- 数井みゆき「保育者と教師に対するアタッチメント」数井みゆき・遠藤利彦編『アタッチメント』114〜126頁、ミネルヴァ書房、2005年
- 倉石哲也『保育現場の子ども虐待対応マニュアル』中央法規、2018年
- 国際発達ケア：エンパワメント科学研究所（http://plaza.umin.ac.jp/~empower/anme/）
- 高木勲「保育者としての学び」『発達』118号、44〜50頁、ミネルヴァ書房、2009年
- 田澤里喜・若月芳浩編『保育の変革期を乗り切る園長の仕事』中央法規、2018年
- 佃宏「ケース・カンファレンスの進め方」西尾祐吾編『保健・福祉におけるケース・カンファレンスの実践』86〜95頁、中央法規、1998年
- 中山智哉「感情理解から生まれる保育者同士の育ち合い・支え合い」『発達』118号、37〜43頁、ミネルヴァ書房、2009年
- 別府哲「障害を持つ子どもにおけるアタッチメント」数井みゆき・遠藤利彦編『アタッチメントと臨床領域』59〜78頁、ミネルヴァ書房、2007年
- ホックシールドA.R著、石川准・室伏亜希監訳『管理される心』世界思想社、2000年
- 掘越紀香「保育カンファレンスの資質向上をめざす」『発達』142号、57〜63頁、ミネルヴァ書房、2015年
- 本城秀次「愛着障害と関連領域」『発達』139号、15〜19頁、ミネルヴァ書房、2014年
- 矢藤誠慈郎『保育の質を高めるチームづくり─園と保育者の成長を支える』わかば社、2017年
- 矢藤誠慈郎「保育リーダーの研修による保育の質の向上へ」『発達』142号、50〜56頁、ミネルヴァ書房、2015年

●著者紹介

倉石哲也（くらいし・てつや）

武庫川女子大学文学部心理・社会福祉学科教授。博士（学術）。専門は家族を中心としたソーシャルワーク。主な著書に『保育現場の子ども虐待対応マニュアル—予防から発見・通告・支援のシステムづくり』（中央法規、2018年）、『シリーズ　MINERVAはじめて学ぶ子どもの福祉』（監修、ミネルヴァ書房、2018年）など多数。

●執筆協力（事例提供）

金谷愼子（大阪市こども青少年局保育所運営課）

高原ひろみ（八尾市認定こども園）

橋詰啓子（武庫川女子大学教育研究所）

山田高義（西宮市立保育所）

保育を変える チーム力の高め方

職員の意識改革とコミュニケーションの活性化

2019年　9月10日　発行
2020年12月10日　初版第2刷発行

著者	倉石哲也
発行者	荘村明彦
発行所	中央法規出版株式会社
	〒110-0016　東京都台東区台東3-29-1　中央法規ビル
	https://www.chuohoki.co.jp/
	営業　　　　　 Tel 03（3834）5817　Fax 03（3837）8037
	取次・書店担当 Tel 03（3834）5815　Fax 03（3837）8035
装丁・本文デザイン	Boogie Design
カバーイラスト	Igloo*dining*
本文イラスト	あらいしづか
印刷・製本	株式会社ルナテック

定価はカバーに表示してあります。

ISBN978-4-8058-5943-8

本書のコピー、スキャン、デジタル化等の無断複製は、著作権法上での例外を除き禁じられています。また、本書を代行業者等の第三者に依頼してコピー、スキャン、デジタル化することは、たとえ個人や家庭内での利用であっても著作権法違反です。

落丁本・乱丁本はお取替えいたします。

本書の内容に関する質問については、下記URLから「お問い合わせフォーム」にご入力いただきますようお願いいたします。

https://www.chuohoki.co.jp/contact/